江苏省高级人民法院公报

GAZETTE OF THE HIGHER PEOPLE'S COURT OF JIANGSU PROVINCE

江苏省高级人民法院　编

法律出版社
——北　京——

图书在版编目(CIP)数据

江苏省高级人民法院公报. 2022年. 第6辑 : 总第84辑 / 江苏省高级人民法院编. -- 北京 : 法律出版社, 2023

ISBN 978-7-5197-7528-5

Ⅰ. ①江… Ⅱ. ①江… Ⅲ. ①法院-文件-汇编-江苏-2022 Ⅳ. ①D926.229

中国国家版本馆CIP数据核字(2023)第021388号

江苏省高级人民法院公报
(2022年第6辑:总第84辑)
JIANGSUSHENG GAOJI RENMIN FAYUAN GONGBAO
(2022 NIAN DI-6 JI:ZONG DI-84 JI)

江苏省高级人民法院 编

责任编辑 冯高琼
装帧设计 汪奇峰 贾丹丹

出版发行 法律出版社
编辑统筹 法规出版分社
责任校对 张红蕊
责任印制 耿润瑜
经　　销 新华书店

开本 A4
印张 4.75　**字数** 96千
版本 2023年9月第1版
印次 2023年9月第1次印刷
印刷 三河市兴达印务有限公司

地址:北京市丰台区莲花池西里7号(100073)
网址:www.lawpress.com.cn
投稿邮箱:info@lawpress.com.cn
举报盗版邮箱:jbwq@lawpress.com.cn
销售电话:010-83938349
客服电话:010-83938350
咨询电话:010-63939796

书号:ISBN 978-7-5197-7528-5
定价:15.00元

凡购买本社图书,如有印装错误,我社负责退换。电话:010-83938349

江苏省高级人民法院公报

2022年第6辑(总第84辑)

司法文件

审判动态

参阅案例

裁判文书

司法信息

江苏省高级人民法院关于建立法律适用分歧解决机制的实施办法

（江苏省高级人民法院审判委员会会议纪要〔2022〕7号
2022年12月27日印发）

为统一全省法院法律适用和裁判尺度，促进严格公正司法，提升司法公信力，根据《最高人民法院关于建立法律适用分歧解决机制的实施办法》，结合工作实际，制定本办法。

1. 全省各级法院审判委员会是本院法律适用分歧解决工作的决策机构。

2. 全省各级法院负责审判委员会事务的部门和业务部门根据法律适用分歧解决工作的需要，为审判委员会提供服务和决策参考，并负责贯彻审判委员会的决定。

3. 在案件审理和执行过程中，发现存在以下情形的，应当提出法律适用分歧解决申请：

（1）本院生效裁判之间存在法律适用分歧的；

（2）同一上级法院生效裁判之间存在法律适用分歧的；

（3）省内不同法院之间生效裁判存在法律适用分歧的；

（4）正在审理案件的裁判结果可能与本院、上级法院、省内其他法院生效裁判确定的法律适用原则或者标准存在分歧的。

4. 本院生效裁判之间存在法律适用分歧或者正在审理案件的裁判结果可能与本院生效裁判确定的法律适用原则或者标准存在分歧的，由发现的业务部门提出处理意见建议并提交专业法官会议讨论后，认为存在法律适用分歧的，按程序提交本院审判委员会研究决定。

5. 同一上级法院生效裁判之间存在法律适用分歧或者正在审理案件的裁判结果可能与上级法院生效裁判确定的法律适用原则或者标准存在分歧的，由发现的业务部门提交专业法官会议讨论后，认为存在法律适用分歧的，按程序提交本院审判委员会讨论。经审判委员会讨论后，认为存在法律适用分歧的，报请上级法院条线指导部门研究。上级法院指导部门认为存在法律适用分歧的，参照本办法第四条执行。

6. 省内不同法院之间生效裁判存在法律适用分歧或者正在审理案件的裁判结果可能与省内其他法院生效裁判确定的法律适用原则或者标准存在分歧的，由发现的业务部门提交专业法官会议讨论后，认为存在法律适用分歧的，按程序提交本院审判委员会讨论。经审判委员会讨论后，报共同上级法院条线指导部门研究。共同上级法院条线指导部门认为存在法律适用分歧的，参照本办法第四条执行。

7. 最高人民法院生效裁判之间存在法律适用分歧或者省法院正在审理案件的裁判结果可能与最高人民法院生效裁判确定的法律适用原则或者标准存在分歧的，由省法院负责审判委员会事务的部门按照《最高人民法院关于建立法律适用分歧解决机制的实施办法》办理。

8. 上级法院有两个及以上指导部门的，根据需要解决的法律适用分歧类型，向关联程度最高的指导部门反映法律适用分歧问题。

9. 审判委员会对法律适用分歧问题作出决定后，应当及时将决定反馈至申请部门。

10. 各级法院审判委员会关于法律适用分歧作出的决定，本院各业务部门和辖区法院在审判执行工作中应当参照执行。

11. 省法院审判委员会围绕法律适用分歧问题讨论形成的审判指导意见或裁判规则，经院长决定，可以通过审判委员会会议纪要发布。

12. 全省各中基层法院审判委员会就本院或本辖区存在的法律适用分歧作出的决定，应当由本院负责审判委员会事务的部门收集汇总后，层报省法院负责审判委员会事务的部门备案。对其中具有典型推广意义的，经省法院审判委员会讨论通过后，下发全省法院参照适用。

13. 各级法院在调查研究、案例编报、审判管理、案件评查、案件讨论等工作中发现符合本办法第三条情形的，由职能部门协调相关业务部门按照本办法执行。

14. 执行过程中作出的生效法律文书之间存在法律适用分歧的，参照本办法执行。

15. 本办法由江苏省高级人民法院审判委员会负责解释。

16. 本办法自下发之日起实施。

江苏法院 2022 年审判执行工作基本情况

1—12 月，全省法院受理各类案件 2086984 件，同比增长 1.89%，其中，新收 1845916 件，同比增长 0.98%。审执结 1863927 件，同比增长 3.11%。未结案件 223057 件，同比减少 7.30%。

一、刑事案件情况

1—12 月，全省法院新收刑事案件 68823 件，同比减少 12.94%。新收一审危害公共安全犯罪案件 24142 件，同比减少 12.17%，其中，危险驾驶罪案件 19008 件，同比减少 12.26%。新收一审破坏社会主义市场经济秩序犯罪案件 3513 件，同比减少 17.40%，其中，生产、销售伪劣商品罪案件 595 件，同比减少 15.36%；破坏金融管理秩序罪案件 832 件，同比减少 13.69%；危害税收征管罪案件 472 件，同比减少 5.79%；侵犯知识产权罪案件 410 件，同比减少 14.76%；扰乱市场秩序罪案件 773 件，同比减少 30.61%。新收一审侵犯公民人身权利、民主权利犯罪案件 6657 件，同比增长 0.68%，其中，故意伤害罪案件 2100 件，同比减少 10.64%。新收一审侵犯财产犯罪案件 15556 件，同比减少 21.58%，其中，盗窃罪案件 10591 件，同比减少 17.43%；诈骗罪案件 3724 件，同比减少 31.13%。新收一审妨害社会管理秩序犯罪案件 13496 件，同比减少 3.50%，其中，扰乱公共秩序罪案件 7295 件，同比减少 6.03%；妨害司法罪案件 3169 件，同比增长 62.10%；破坏环境资源保护罪案件 738 件，同比减少 28.97%；走私、贩卖、运输、制造毒品罪案件 768 件，同比减少 44.87%；组织、强迫、引诱、容留、介绍卖淫罪案件 1019 件，同比减少 29.09%。新收一审贪污贿赂犯罪案件 952 件，同比增长 12.53%。新收一审渎职犯罪案件 67 件，同比增长 34.00%。全省法院共审结刑事案件 68778 件，同比减少 14.64%。

二、民事案件情况

1—12 月，全省法院新收民事案件 1108930 件，同比增长 1.70%。新收一审人格权纠纷案件 10864 件，同比减少 6.14%，其中，生命权、身体权、健康权纠纷案件 8303 件，同比减少 11.83%。新收一审婚姻家庭、继承纠纷案件 109646 件，同比减少 7.85%。新收一审物权纠纷案件 19638 件，同比减少 11.23%。新收一审合同、准合同案件 650227 件，同比增长 4.19%，其中，买卖合同纠纷案件 118981 件，同比增长 6.12%；房屋买卖合同纠纷案件 31664 件，同比减少 13.63%；借款合同纠纷案件 209214 件，同比减少 0.53%；租赁合同纠纷案件 40168 件，同比增长 0.13%；建设工程合同纠纷案件 33963 件，同比增长7.70%；物业服务合同纠纷案件37534件，同比增长8.19%。新收一审知识产权与竞争纠纷案件27460件，同比减少2.79%，其中，知识产权合同纠纷案件2086件，同比减少20.68%；知识产权权属、侵权纠纷案件24508件，同比减少2.10%。新收一审劳动争议、人事争议案件46103件，同比增长5.15%，其中，劳动争议案件45724件，同比增长5.53%。新收一审与公司、证券、保险、票据等有关的民事纠纷案件51464件，同比增长19.68%，其中，与公司有关的纠纷案件9240件，同比增长6.78%；保险纠纷案件21123件，同比减少9.37%。新收一审侵权责任纠纷案件90591件，同比增长1.09%。全省法院共审结民事案件1130156件，同比增长5.85%。

三、行政案件情况

1—12月，全省法院新收行政案件25677件，同比减少1.15%。新收一审治安类案件1154件，土地类案件1009件，规划类案件448件，拆迁类案件2137件，工商类案件354件，劳动、社会保障类案件2378件。全省法院共审结行政案件26460件，同比增长1.50%。

四、执行案件情况

1—12月，全省法院新收执行类案件502489件，同比增长4.21%。其中，新收首次执行案件474538件，同比增长4.20%；执行异议案件18994件，同比增长7.10%；执行复议案件3000件，同比减少10.42%；执行监督案件5576件，同比增长14.15%。全省法院共执结503436件，同比增长4.15%。

供稿单位：省法院审判管理与信息技术处

江苏法院 2022 年度十大典型案例

一、“3.07”长江特大非法采砂案

（一）基本案情

2021 年 3 月至 7 月，被告人张某某、章某某、李某、丁某等人出资，被告人洪某某、王某某等人提供采砂船，被告人凌某某等人提供运砂船，在未取得采砂许可证的情况下，以采运一体的方式，共同在长江安徽铜陵段淡水豚国家级自然保护区河段（长江禁采区）非法采运江砂 46765 吨，价值高达 289 万余元。被告人马某某明知是盗采的江砂，仍收购 1700 吨并予以出售。经评估，张某某等人非法采砂造成长江生态环境损害价值 515 万余元。检察机关提起公诉的同时提起附带民事公益诉讼，请求相关附带民事公益诉讼被告承担相应的生态环境损害责任。

（二）裁判结果

东台市人民法院于 2022 年 3 月 1 日作出（2022）苏 0981 刑初 46 号刑事附带民事判决：张某某等 32 名被告人违反矿产资源法的规定，未取得河道采砂许可证，在长江禁采期、禁采区从事采砂活动，均构成非法采矿罪，分别判处有期徒刑一年至四年六个月不等，并处罚金 1.5 万元至 20 万元不等；被告人马某某明知江砂系盗采而收购，构成掩饰、隐瞒犯罪所得罪，判处有期徒刑一年六个月，缓刑二年，并处罚金 2 万元。没收各被告人退出的违法所得，没收江砂变卖款。张某某等 14 名被告构成共同侵权，应在各自参与非法采砂数量范围内对造成的长江生态环境损害 515 万余元承担连带赔偿责任，并在国家级媒体上公开赔礼道歉。张某某曾因犯非法采矿罪被判处刑罚，鲍某某在涉嫌非法采矿犯罪取保候审期间又实施非法采矿，判令二人承担惩罚性赔偿责任。宣判后，各被告人、附带民事公益诉讼被告均表示服判，未提出上诉，一审判决已发生法律效力。

（三）典型意义

长江是中华民族的母亲河，是中华民族发展的重要支撑。《长江保护法》把习近平总书记关于长江保护的重要指示要求和党中央重大决策部署转化为国家意志和全社会的行为准则，为长江母亲河永葆生机活力、中华民族永续发展提供了法治保障。本案中，张某某等人“顶风作案”，在国家级自然保护区河段有组织地盗采江砂。最高人民法院指定东台市人民法院审理，公安部、最高人民检察院联合挂牌督办。在《长江保护法》施行一周年之际，东

台市人民法院黄海湿地环境资源法庭公开审理该案并当庭宣判，取得了良好的社会反响。该案积极贯彻最严法治观，落实宽严相济刑事司法政策和损害担责、全面赔偿原则，有力打击和震慑了长江非法采砂犯罪活动，充分展现了江苏法院环境资源“9+1”跨区域审判机制改革成果和专业化审判特色。此外，按照《长三角环境资源司法协作框架协议》约定，江苏法院主动将该案执行到位的生态环境修复资金移交安徽法院，由安徽法院组织实施长江生态环境修复工作。此次交接系长三角地区法院首次跨省协作共同修复长江生态环境，是长三角地区法院贯彻生态环境司法保护新理念，加强长三角区域生态环境一体化保护的重要举措，对于推动长江流域生态环境系统保护、一体保护具有重要意义。

二、朱某华等集资诈骗、非法吸收公众存款案

（一）基本案情

2014年3月至2018年7月，被告人朱某华、朱某根利用朱某根及他人身份材料，注册成立凤鸣财富管理、苏玺资产管理等多家公司。在上述公司未取得相关金融资质的情况下，朱某华等以非法占有为目的，将不合规的“地宫穴位”项目、夸大的汽车租赁债权项目等包装成“金凤8号”“苏玺财富”等12种理财产品。被告人吴某明等人组成销售团队，以散发传单、举办酒会、业务员推广等方式对外公开宣传上述虚构的理财产品，通过与集资参与人签订股权认购计划、债权计划合同等形式，以高收益率为诱惑，向社会不特定群体销售理财产品，共向4300余人非法吸收资金18.74亿元，至案发尚有9.13亿元未能返还。集资参与人中有1200余人系老年人。

（二）裁判结果

苏州市中级人民法院一审认为，朱某华、朱某根系以非法占有为目的，使用诈骗方法进行非法集资，数额特别巨大，构成集资诈骗罪，于2020年12月31日作出（2019）苏05刑初63号刑事判决，分别判处朱某华无期徒刑、朱某根有期徒刑十年；被告人吴某明等构成非法吸收公众存款罪，判处吴某明等被告人有期徒刑四年至八年不等的刑罚。查封、扣押、冻结的财物依法处置后，按比例发还集资参与人；继续追缴各被告人的违法所得，不足部分责令各被告人在所参与犯罪数额内继续退赔，发还集资参与人。被告人朱某华等不服，提出上诉。江苏省高级人民法院于2022年5月13日作出（2021）苏刑终67号刑事裁定：驳回上诉，维持原判。

（三）典型意义

“老吾老以及人之老”，老年人的事，是“家事”，更是“国事”。近年来，以养老为名的骗局时有发生，不仅给老年人造成经济损失，伤害老年人身心健康，更严重影响社会和谐稳定，人民群众对此深恶痛绝。本案中，不法分子利用老年人消息闭塞、辨识能力不强等特点，抓住老年人考虑“身后事”的心理，将虚构夸大的“地宫穴位”等项目包装成理财产品，并配合精美的宣传、“热情”的服务和“专业”的讲解，让老年人“眼见为实”，具有很强迷惑性和欺骗性，造成老年人巨额经济损失。人民法院深入贯彻落实打击整治养老诈骗专项行动部署要求，推进常态化打击整治养老诈骗。一方面立足刑事审判职能，稳妥、高效、公正地审结案件，依法对案涉犯罪分子予以严惩，对主要犯罪分子朱某华判处无期徒刑，有效震慑了不法分子的嚣张气焰；另一方面加大宣传力度，增强广大群众特别是老年人法治意识和识骗防骗能力，最大限度挤压“行骗空间”，推动全社会形成“不敢骗、不能骗、骗不了”的良好态势，切实维护老年人合法权益，助力老龄事业健康发展。

三、应某某等生产、销售有毒、有害食品案

（一）基本案情

2019 年，被告人应某某通过互联网购买包装材料、生产原料，在浙江省永康市某小区的窝点内将非法获取的西布曲明添加至其他食品原料，混合后制作成胶囊，并以“OB 蛋白瘦身”“金粉世家纤体塑身丸”进行包装，通过微信等互联网平台对外销售，违法所得 90 万余元。被告人陈某某等 15 人明知被告人应某某生产、销售的上述减肥胶囊中含有毒、有害成分且服用后有不良反应，仍然通过微信等互联网平台对外销售，违法所得 5000 余元至 40 余万元不等。2021 年 7 月，公安机关将被告人应某某抓获，在生产窝点查获大量减肥胶囊及西布曲明等原材料。经鉴定，上述被告人售出的减肥胶囊中均检出西布曲明成分。检察机关遂向法院提起公诉并附带民事公益诉讼，要求对 16 名被告人定罪处罚，判令向社会公众赔礼道歉，并判令被告应某某承担价款十倍的赔偿金。

（二）裁判结果

扬州市邗江区人民法院一审认为，被告人应某某在生产、销售的减肥胶囊中掺入有毒、有害的非食品原料，具有其他特别严重情节，其行为已构成生产、销售有毒、有害食品罪。被告人陈某某等 15 人销售明知掺有有毒、有害的非食品原料的减肥胶囊，其行为均已构成销售有毒、有害食品罪。应某某严重违反食品安全规定，生产、销售有毒、有害食品，严重侵害了众多消费者的合法权益，应当承担价款十倍的损害赔偿责任。根据各被告人的犯罪事实、犯罪性质、情节和对社会的危害程度，扬州市邗江区人民法院于 2022 年 7 月 12 日作出（2022）苏 1003 刑初 8 号刑事判决，以生产、销售有毒、有害食品罪判处被告人应某某有期徒刑十一年，并处罚金 200 万元，责令其退出违法所得 90 万余元，同时判令支付赔偿金 900 余万元。对其他 15 名被告人以销售有毒、有害食品罪分别判处了相应刑罚。被告人应某某不服，提出上诉。扬州市中级人民法院于 2022 年 9 月 29 日作出（2022）苏 10 刑终 151 号刑事裁定：

驳回上诉，维持原判。

（三）典型意义

“民以食为天，食以安为先。”食品安全关乎人民群众身体健康和生命安全，关乎社会稳定。党中央、国务院高度重视食品安全工作，习近平总书记多次作出重要指示：用最严谨的标准、最严格的监管、最严厉的处罚、最严肃的问责，确保人民群众“舌尖上的安全”。国家明令禁止生产、销售和使用西布曲明，本案被告人打着“强效瘦身”的口号，在生产、销售的减肥胶囊中添加有毒、有害的非食品原料西布曲明，严重危害广大消费者的身体健康，构成生产、销售有毒、有害食品罪。本案不仅判处被告人承担刑事责任，还判决承担价款十倍的惩罚性赔偿责任，充分发挥了惩罚性赔偿责任对危害食品安全违法行为的遏制作用，是人民法院严格贯彻落实“四个最严”要求，切实维护民生福祉的生动实践。

四、柳某诉张某某、某物业公司健康权纠纷案

（一）基本案情

张某某系江阴市某小区业主，因所在小区游乐设施较少，在征得小区物业公司同意后，自费购置一套儿童滑梯（含配套脚垫）放置在小区公共区域，供儿童免费玩耍。该区域的卫生清洁管理等工作由小区物业公司负责。2020 年 11 月，原告柳某途经此处时，踩到湿滑的脚垫而滑倒摔伤，造成十级伤残。后柳某将张某某及小区物业公司诉至法院，要求共同赔偿医疗费、护理费、残疾赔偿金、精神损害抚慰金等各项损失近 20 万元。

（二）裁判结果

江阴市人民法院认为，张某某自费为小区添置儿童游乐设施，在法律上并无过错，也与本案事故的发生无因果关系，依法无须承担赔偿责任。某物业公司作为小区物业服务人，应在同意张某某放置游乐设施后承担日常维护、管理和安全防范等义务，滑梯脚垫湿滑是导致事故发生的主要原因，物业公司未及时有效清理、未设置警示标志，存在过错。柳某未能及时查明路况，对损害的发生亦存在一定过错，依法可适当减轻某物业公司的赔偿责任。江阴市人民法院于 2022 年 3 月 25 日作出（2021）苏 0281 民初 17119 号民事判决，判决物业公司向柳某支付赔偿款 120654 元，并驳回柳某的其他诉讼请求。宣判后，双方当事人表示服判，未提出上诉，一审判决已发生法律效力。

（三）典型意义

弘扬社会正气，擦亮友善底色，不让好人无端担责，既符合法律要求，也符合人民群众心中的公平正义。本案中，人民法院充分发挥司法裁判的规范指引作用，以公正裁判树立行为规则，引领社会风尚。一是严格坚守法律底线。本案适用民法典侵权责任编规定，严格审查行为与后果之间的因果关系，不因有人受伤而扩大赔偿主体范围，坚决不“和稀泥”，就对与错、赔与不赔等是非问题予以明确回应。二是有效弘扬社会主义核心价值观。友善是社会主义核心价值观的重要内容,本案将社会主义核心价值观融入裁判说理,判决好心业主无须担责,引导公民与邻为善,邻里互助。三是树立良好社会导向。通过“小案件”阐释“大道理”,向公众呈现了一堂生动形象的“法治公开课”,传递了向上向善的法治正能量。

五、电竞酒店向未成年人提供上网服务民事公益诉讼案

(一)基本案情

2021 年 3 月 27 日,宿迁市众享酒店管理有限公司(以下简称众享酒店)开始从事“电竞主题酒店”经营,接纳未成年人入住。酒店共有 20 个房间,全部为电竞房间,每个房间均配备 2—5 台电脑,提供互联网上网服务,电脑的软硬件配置与网吧基本相同。根据房间电脑等设施配备不同,分别收取数十元至数百元不等的费用。截至 2021 年 6 月 24 日,该酒店住宿系统显示未成年人入住记录 387 人次。2022 年 3 月 4 日,宿迁市公安局宿城分局、宿迁市人民检察院联合对众享酒店进行检查,发现该酒店存在接纳未成年人住宿的情况。宿迁市人民检察院认为,众享酒店的行为侵害不特定未成年人的合法权益,损害社会公共利益,遂提起公益诉讼,要求众享酒店停止向未成年人提供互联网上网服务,并在国家级媒体上赔礼道歉。

(二)裁判结果

宿迁市中级人民法院一审认为,从众享酒店提供的设施配备、消费模式、招揽手段和收费模式等综合判断,众享酒店兼具提供互联网上网服务和住宿餐饮服务的功能,实质上以提供互联网上网服务作为主营业务和主要招揽手段,故其性质属于互联网上网服务营业场所。根据《未成年人保护法》的规定,互联网上网服务营业场所不得允许未成年人进入。众享酒店为达营利目的,没有履行相应的身份核实义务,为未成年人提供互联网上网服务,违反了上述法律规定,侵害了未成年人合法权益,损害了国家和社会公共利益。据此,宿迁市中级人民法院于 2022 年 5 月 12 日作出(2022)苏 13 民初 342 号民事判决,判决众享酒店立即停止向未成年人提供互联网上网服务,在国家级媒体上赔礼道歉。宣判后,众享酒店表示服判,未提出上诉,一审判决已发生法律效力。

(三)典型意义

本案是全国首例电竞酒店向未成年人提供互联网上网服务民事公益诉讼案。电竞酒店是否为互联网上网服务营业场所,这一问题尚无明确法律规定予以规范,社会上争论也较多。人民法院综合考虑电竞酒店的设施配备、消费模式、招揽手段和收费模式等因素,认定案涉电竞酒店属于互联网上网服务营业场所,不得接纳未成年人入住。本案判决厘清了电竞酒店与互联网上网服务营业场所之间的关系,既充分贯彻最有利于未成年人保护原则,为未成年人创造了良好成长环境,也推动了电竞酒店这一新产业、新业态在法治轨道上规范发展。本案判决还充分体现了司法对现实纠纷的回应性功能，宿迁市人大常委会参照本案裁判规则，出台了《关于禁止电竞酒店向未成年人提供互联网上网服务的决定》，着力规范行业乱象，明确监管职责，推动全社会形成保护未成年人健康成长的合力。

六、闪速推公司“万词霸屏”不正当竞争案

（一）基本案情

“万词霸屏”是指通过对搜索引擎检索结果进行恶意操纵，使广告网页霸占关键词检索结果首页前列甚至首位的行为。苏州闪速推网络科技有限公司（以下简称闪速推公司）是一家专门为他人有偿提供“万词霸屏”服务的营销公司，在接到推广需求后，通过技术手段生成大量与客户所在行业内常用搜索关键词关联的广告页面，并利用高权重网站流量大、易被百度等搜索引擎收录和排序的特点，将这些页面挂接到一些高权重网站的二级目录中，当用户在百度等搜索引擎上搜索这些关键词时，被推广公司的广告网页就会占据搜索结果位置首页前列甚至首位，实现“万词霸屏”的效果。北京百度网讯科技有限公司（以下简称百度公司）认为，闪速推公司实施的上述行为破坏了搜索引擎的正常收录和排名秩序，造成了百度搜索引擎算法失准，影响了百度搜索的用户体验，严重干扰百度公司提供经营及服务，损害了其他合法、合规网站经营者的正当利益，构成不正当竞争。遂诉至法院，请求判令闪速推公司停止干扰百度公司搜索引擎收录和排序服务的行为并赔偿相应经济损失。

（二）裁判结果

苏州市中级人民法院一审认为，闪速推公司的“万词霸屏”业务依附于百度搜索引擎，与百度公司之间存在竞争关系。闪速推公司违背诚实信用原则和公认的商业道德，故意利用技术手段破坏百度搜索引擎根据关键词搜索的正常收录和排名秩序，致使其算法失准、机器性能失灵、服务器资源浪费，也增加了用户信息获取成本，降低用户对百度搜索的信任。闪速推公司的行为扰乱市场竞争秩序和互联网信息服务管理秩序，获取不法利益，构成不正当竞争。苏州市中级人民法院综合考虑该公司涉案业务及整体利润等因素，于2022年3月1日作出（2021）苏05民初1480号民事判决，判决闪速推公司立即停止案涉不正当竞争行为，登报消除影响并赔偿百度公司损失及合理开支共275.3万元。本案一审判决后，双方均未上诉，一审判决已发生法律效力。

（三）典型意义

搜索引擎作为互联网技术发展到一定阶段的产物，已经成为网民获取信息服务的必备工具之一。本案系全国“万词霸屏”生效裁判第一案，引起社会广泛关注。被告利用技术手段破坏搜索引擎根据关键词搜索的正常收录和排名秩序，使大量推广内容出现在搜索结果前列，严重影响了用户体验效果。人民法院综合考虑技术迭代、搜索引擎的公共服务属性以及市场效率等因素，适用“互联网专条”兜底条款，认定案涉行为构成不正当竞争。本案判决有效遏制了该类新型不正当竞争行为，有力打击了打着技术中立旗帜行网络“黑灰产”之实的行为，有利于保障网络用户的合法权益，维护健康有序的搜索生态和公平竞争的互联网秩序，彰显了人民法院营造风清气朗网络空间的力度与决心。

七、南京建工集团等25家公司实质合并重整案

（一）基本案情

南京建工产业集团有限公司（以下简称南京建工集团）系江苏省建筑行业知名大型民营企业，拥有建筑工程施工总承包特级等多项建筑业顶级资质，承建过省市多项“十二五”“十三五”重大基础设施和民生工程，多次荣获鲁班奖、詹天佑奖等重要奖项。但近年来，因企业转型、经营不善等原因，流动资金出现困难，并逐渐衍化为集团整体债务困境。2020年年底，陆续有针对该集团的破产申请递交至法院。

（二）裁判结果

为化解债务风险，企业和债权人先期开展庭外重组。2019年8月，成立金融机构债权人委员会并开展债务重组谈判。在金融债委会支持下，经债务人申请，南京市中级人民法院于2020年10月决定对南京建工集团等25家公司启动预重整。预重整期间，基本完成债权申报预审查、清产核资、预重整方案磋商、制定和意见征集等基础工作。通过预重整，企业集团的管理团队和核心技术人员以及客户资源得到稳定，在全面复工复产的同时，新增中标项目41个、金额合计约17.44亿元，企业营运价值逐步修复。2021年6月，法院裁定南京建工集团等25家公司转入重整程序。同年9月，在综合考量关联企业资产混同程度、财产区分成本及债权人收益比较、整体公平清偿等因素后，法院裁定南京建工集团等25家公司实质合并重整。同年12月，管理人提交重整计划草案，积极引入战略投资人，注入外部优质资产，同时优化生产要素配置，重新搭建经营平台，上述草案经债权人会议各组别审议表决通过。2022年4月，法院裁定批准重整计划，终止重整程序。

（三）典型意义

南京建工集团等25家公司重整案是人民法院贯彻新发展理念，综合运用多种破产挽救制度工具，化解大型民营企业集团债务风险，服务保障“六稳”“六保”，着力推动高质量发展的典型案件。本案是江苏省债务规模最大的破产案件，债务总额约1400亿元，涉及债权人3200余户。在处理过程中，人民法院及时把握企业拯救时机，引导债务人先行预重整，积极探索庭外重组与庭内重整的衔接，稳步开展企业救治，审慎适用实质合并重整程序。采取“整合存量、引入增量、兜底补偿”等方式，多重保障债权人清偿利益最大化。通过营业保护，稳定企业经营，修复营运价值，逐步缓释风险。重整期间，本案82个在建工程项目均复工复产，40余个新增中标项目有序推进，保留了上下游5万余个就业岗位，梳理待发放农民工工资个人及账户信息3.86万人次，实现了“破产不停产”。既为防范化解金融风险、兜住兜牢民生底线、促进地方经济发展提供了有力司法保障，也为构建多层次、开放式、友好型的债务重组制度体系提供了有益借鉴。

八、孟某诉滨海县医保中心不履行给付基本医疗保险金职责案

（一）基本案情

孟某系滨海县某镇某村村民，从2016年起，孟某即参加了滨海县新型农村合作医疗保险，并缴纳了保险费用。2017年5月22日1时许，孟某驾驶小型轿车沿京福线由南向北行驶至1278公里附近时，因操作不当撞到道路中间护栏，致车辆损坏，孟某身体受伤。该起事故经宜兴市交警部门认定，孟某负事故的全部责任。事故发生后，孟某经多家医院治疗后出院，共计花费医疗费用约40余万元。孟某于2018年6月初向滨海县医保中心提出书面申请，请求对因交通事故产生的医疗费用进行补偿。盐城市和滨海县制定的新农合补偿方案中均规定了交通事故所发生的医药费用属于不予补偿的范围，故对孟某的申请，滨海县医保中心拒绝补偿。孟某遂向法院提起诉讼，请求判令滨海县医保中心向其核发医疗补偿金335049元。

（二）裁判结果

建湖县人民法院一审认为，滨海县医保中心对孟某在交通事故中发生的医疗费用不予补偿，不违反相关法律规定，据此驳回了孟某的诉讼请求。孟某上诉后，盐城市中级人民法院以与一审相同的理由判决驳回上诉，维持原判。孟某不服，向江苏省高级人民法院申请再审。江苏省高级人民法院于2021年9月2日作出（2020）苏行申329号行政裁定，裁定提审本案。江苏省高级人民法院再审认为，孟某因其自身原因导致的单方交通事故产生的医疗费用属于新型农村合作医疗基金的补偿范围。根据《社会保险法》第三十条和原《江苏省新型农村合作医疗条例》第二十九条有关规定，除明确排除事项外，参保人因重大疾病产生的其他医疗费用应当纳入新农合医疗基金的补助范围。盐城当地的规范性文件规定，交通事故产生的医疗费用不属于江苏省新型农村合作医疗补偿范围。此项规定，对产生交通事故的责任类型未予区分，突破了上位法将不予补偿范围仅限定于应当由第三人负担范围的合理规定，有违新型农村合作医疗制度设立的初衷，亦不符合《社会保险法》的立法本意。滨海县医保中心依据《滨海县新农合补偿方案》的规定，拒绝对孟某的医疗费用予以补偿，系适用法律错误。据此，江苏省高级人民法院于2022年7月1日作出（2021）苏行再30号行政判决：撤销一、二审判决，

判决滨海县医保中心限期依法对孟某履行补偿医疗费用的法定职责。

（三）典型意义

国家建立新型农村合作医疗制度的目的在于最大限度地保障参保人员能够按照国家规定享受基本医疗保险待遇，解决农村居民因病致贫、因病返贫的问题。但一些地方规范性文件突破上位法规定，擅自缩减人民群众基本医疗保障支付范围。本案是因医保经办机构以交通事故产生的医药费用不属于补偿范围为由，拒绝履行给付基本医疗保险金职责引发的行政纠纷。再审法院结合社会保险法的立法目的、新型农村合作医疗制度设计初衷等因素，认定因自身原因导致的单方交通事故产生的医疗费用属于新型农村合作医疗基金的补偿范围。同时，向有关部门调取了我省及案涉地区城乡居民医疗保险基金当期结余及历史累计结余数据，使本案的改判既维护了参保人的合法权益，也具有了实际可操作性。本案判决厘清了新型农村合作医疗基金的补偿范围，确保法律法规的正确实施，实质性化解了争议，切实维护广大农民合法权益，对于此类纠纷的定分止争起到重要指引作用。

九、江苏兴达钢铁集团系列执行案

（一）案件执行情况

2014年以来，徐州市铜山区人民法院先后受理涉被执行人江苏兴达钢铁集团有限公司（以下简称兴达公司）执行案件57件。2020年6月起，因兴达公司被政策性关停等原因，尚有15件案件未能有效执结，涉案执行标的额多达2亿余元。法院在执行过程中发现，兴达公司除生产设备、厂房等资产外，无其他可供执行的财产，且生产设备已设置抵押权，厂房暂不具备处置条件，若执行程序中对上述资产进行处置，所得价款也不能清偿全部债务。经法院深入调查走访查明，兴达公司属于钢铁生产企业，若强行处置资产或者移送破产程序，既对企业资产有效利用造成影响，也会使众多债权人的利益难以有效保障，还将导致大量职工失去就业岗位。且兴达公司有转型继续生产的意愿，如能帮助其成功转型并恢复生产经营，将能产生更好的法律效果和社会效果。此外，兴达公司有120万吨炼铁产能，具备重要价值，法院已采取查封措施。针对上述情形，法院充分发挥执行职能，在允许兴达公司自行联系处置产能、筹备款项的前提下，督促其与各债权人协商，并积极向各债权人进行法律释明，帮助债权人分析处置兴达公司资产及申请企业破产带来的不利后果。经过数月的努力，2022年12月，兴达公司与省内某企业达成产能处置协议，并自行筹款2000余万元用于偿还债务，目前已有5件案件执结，其余案件均达成执行和解协议。

（二）典型意义

本案系人民法院秉持善意文明执行理念，服务经济高质量发展的典型案件。查封冻结措施对钢铁企业的运行会产生较大影响，本案执行中，执行法院开拓思路、创新方法，在做好众多债权人工作的基础上，引导被执行企业依法依规自行处置产能，发挥钢铁产能指标这一无形资产的最大价值，进而控制钢铁产能变现款，成功化解了一批涉及兴达公司的执行积案，助力钢铁企业的转型升级，实现申请执行人和被执行企业双赢。该系列案件的有效化解，既是执行法院深入贯彻落实“江苏法院‘优化法治化营商环境执行年’1 +4 专项活动”具体要求，为市场主体纾困解难的生动体现，也是着眼服务大局、灵活运用善意执行手段的有力展示，为处理类似案件提供了可复制、可推广的经验借鉴。

十、STO 租船公司诉新加坡丰益公司等海上货物运输合同纠纷案

（一）基本案情

2022 年 7 月，韩国 STO 租船公司所属油轮“STO AZALEA”装载 7000 多吨散装棕榈酸化油，自马来西亚帕西古当港起运驶往中国上海港和连云港港，两张提单均载明托运人为新加坡丰益公司，收货人凭新加坡中向公司指示，通知方为华东中石油公司。提单正面载明租约并入条款，并约定因提单引起的任何争议应在伦敦或纽约仲裁。油轮先抵达上海港，华东中石油公司提取了 3900 余吨货物。因对货物质量是否存在缺陷存有争议，油轮抵达连云港港后，华东中石油公司拒绝提货。8 月，船东 STO 租船公司书面表示放弃仲裁，将新加坡丰益公司、新加坡中向公司、华东中石油公司诉至南京海事法院，请求赔偿在目的港无人提货造成的滞期费以及船舶营运损失。

（二）裁判结果

法院受理案件后，考虑棕榈酸化油作为生物柴油原材料，长期滞港可能对海洋生态环境造成潜在危险，遂第一时间与新加坡中向公司驻北京办事处以及华东中石油公司工作人员取得联系，沟通解决方案。一方面，依托海事司法与行政执法协作机制，主动联系连云港海关，了解棕榈酸化油清关程序以及卸货、存储实际障碍，形成尽快卸货、减少损失的可行性方案；另一方面，充分运用法院信息化手段，在短短两周内促成身处山东、北京、上海三地的当事人开展线上听证，查清货物托运、货物质量检验、货款支付、提单流转等基本事实，为争议解决打牢基础。同时，与当事人沟通协调、充分释法明理，从实际解决问题、最大限度降低损失的角度推动争议实质性化解，积极促成当事人和解。最终，滞港近两个月的“STO AZALEA”轮船在其他港口顺利完成卸货，开启了新的航程，3000 余吨棕榈酸化油得以投入工业生产。

（三）典型意义

本案是一起外国当事人放弃到纽约和伦敦仲裁，主动选择在我国法院诉讼并高效化解纠纷的典型案件。案件当事人均为《区域全面经济伙伴关系协定》（RCEP）成员方，韩国船东主动将争议解决方式变更为到南京海事法院诉讼，新加坡当事人积极参与线上听证及调解活动，表明我国海事司法得到越来越多外国当事人的信赖和认可，是我国推进国际海事司法中心建设、打造国际海事纠纷解决优选地的生动例证。本案处理过程中，南京海事法院秉持司法便民利民理念，考虑船舶装载3000余吨化学用品长期无法卸货的重大安全隐患，充分利用智慧法院建设成果，主动与各方当事人及相关部门进行沟通，协调尽快卸货、减少损失的可行方案，仅用43天就促成身处三地的当事人达成和解，让装载货物近两个月的“海上仓库”终于卸下重担，开启了新的海上航程，是司法服务保障RCEP高质量实施的有力举措。事后，韩国船东专程写来感谢信，为案件承办团队“点赞”。本案的妥善处理以实际成效满足了各方主体的多元海事司法需求，充分彰显了我国海事司法的国际公信力和影响力。

吴迪重大责任事故案

（2022）参阅案例 21 号

【裁判摘要】

与不特定人的生命健康和财产安全相关联，具有生产、经营性质的培训业务，属于《刑法》第一百三十四条规定的“生产、作业”。培训业务开展过程中违反安全管理规定，发生重大伤亡事故的，构成重大责任事故罪。

【相关法条】

《中华人民共和国刑法》第一百三十四条第一款　在生产、作业中违反有关安全管理的规定，因而发生重大伤亡事故或者造成其他严重后果的，处三年以下有期徒刑或者拘役；情节特别恶劣的，处三年以上七年以下有期徒刑。

【点评】

根据《刑法》的规定，构成重大责任事故罪要求在生产、作业中违反有关安全管理的规定，因此事故是否发生在“生产、作业”中是区分重大责任事故罪与其他犯罪的重要标准。但《刑法》对“生产、作业”的范畴没有明确规定，实践中对于如何理解“生产、作业”有不同认识，对于提供培训业务等经营活动是否可以认定为“生产、作业”分歧很大。但无论是从立法演变，还是从法律解释的角度来看，将各类生产经营活动纳入“生产、作业”涵盖的范围之中，具有可能性、必要性。《安全生产法》《最高人民法院关于进一步加强危害生产安全刑事案件审判工作的意见》等也将生产经营单位纳入安全生产责任主体。本案裁判将游泳馆游泳技能培训业务认定为“生产、作业”，有助于厘清实践中的模糊认识，为类案审理提供有益参考。同时，有利于引导各类生产经营主体注重维护人民群众的生命财产安全，依法安全开展生产经营活动，确保经济社会持续安全稳定。

公诉机关:宿迁市宿城区人民检察院。

被告人:吴迪,男,34岁,汉族,本科文化,系宿迁市菲特尼斯健身有限公司法人代表,住宿迁市宿城区。因涉嫌犯重大责任事故罪,于2020年7月27日被宿迁市公安局苏州宿迁工业园区分局取保候审,同年11月13日被刑事拘留,同年11月27日被逮捕。

宿迁市宿城区人民检察院指控被告人吴迪犯重大责任事故罪,向宿迁市宿城区人民法院提起公诉。

公诉机关指控:2020年7月18日18:00,被害人张某甲到菲特尼斯碧桂园游泳馆学习游泳,下课后该学员自行从更衣室返回到浅水区游泳,后游至深水区呛水挣扎并溺水,随后被送往宿迁市第一人民医院抢救,7月20日早上医院宣布被害人死亡。经鉴定,被害人张某甲符合迟发性溺死。案发后,经事故调查组调查认定,被告人吴迪作为宿迁菲特尼斯健身有限公司法定代表人、总经理,未建立健全公司安全生产责任制,未组织制定安全生产规章制度和安全操作规程,安排不具备教练员和救生员职业资格的人员从事相关工作,造成严重后果,对事故发生负有主要责任。另查明,案发后被告人吴迪被电话通知到公安机关接受调查。公诉机关认为,被告人吴迪在生产、作业中违反有关安全管理的规定,因而发生重大伤亡事故,其行为触犯了《中华人民共和国刑法》第一百三十四条第一款的规定,犯罪事实清楚,证据确实、充分,应当以重大责任事故罪追究其刑事责任。被告人吴迪犯罪后主动投案,并如实供述犯罪事实,系自首,可以从轻或者减轻处罚。被告人吴迪自愿认罪认罚,可以从宽处理。建议判处被告人吴迪有期徒刑一年六个月至二年。后因被告人吴迪近亲属赔偿被害人近亲属的损失并取得谅解,变更量刑建议为有期徒刑二年,缓刑三年。

被告人吴迪对起诉书指控的事实及罪名无异议。

被告人吴迪的辩护人提出:(1)本次事故的发生是被告人吴迪对员工未进行严格、系统的安全操作培训、安排不具备教练员和救生员职业资格的人员从事相关工作以及受害者父母照看不利等多个原因造成,具有多重、复合因素。(2)被告人吴迪系自首,自愿认罪认罚,认罪态度较好,无犯罪前科,系初犯、偶犯,主观恶性及社会危害性不大,事后积极主动与被害人家属协商赔偿事宜。综上,建议对被告人吴迪从轻或者减轻处罚,并适用缓刑。

宿迁市宿城区人民法院经审理查明:

2020年7月18日18时许,被害人张某甲(时年7周岁)在其母亲的陪同下到菲特尼斯碧桂园游泳馆学习游泳(该班次时间为18:00—19:00),18时50分左右课程结束,游泳教练祝某带领被害人张某甲和其他学员一起返回更衣室,安排学员自行洗澡换衣去见家长,后祝某去游泳馆前台接待下一班次的培训学员(该班次时间为19:00—20:00)。18时53分左右,张某甲从更衣室返回泳池边徘徊，后多次往返于更衣室至泳池边，18 时 59 分，被害人张某甲进入泳池并在浅水区游走，19 时 03 分游至深水区开始呛水挣扎，直至 19 时 16 分才被岸上工作人员发现，祝某将被害人张某甲从水中抱出并展开施救，随后被 120 紧急送往宿迁市第一人民医院抢救。其间，无游泳救生员巡视并发现被害人张某甲；教练员祝某持游泳救生员证，未取得游泳教练证；当晚值班安全员张某乙、陆某无游泳救生员证，且均不会游泳。2020 年 7 月 20 日 6 时 15 分，医院宣布被害人张某甲死亡。经鉴定，被害人张某甲符合迟发性溺死。

案发后，苏州宿迁工业园区管理委员会成立事故调查组进行调查。经调查认定，宿迁菲特尼斯健身有限公司对该起事故负全部责任；被告人吴迪作为宿迁菲特尼斯健身有限公司法定代表人、总经理，未建立健全公司安全生产责任制，未组织制定安全生产规章制度和安全操作规程，安排不具备教练员和救生员职业资格的人员从事相关工作，造成严重后果，对事故发生负有主要责任。

另查明，2020 年 7 月 27 日，被告人吴迪经电话通知到公安机关接受调查，对上述查明的事实供认不讳。案发后，被告人吴迪近亲属与被害人张某甲近亲属已达成赔偿协议，赔偿被害人张某甲近亲属的经济损失并取得谅解。

宿迁市宿城区人民法院审理认为：

被告人吴迪作为发生事故单位的直接责任人员，在生产、作业中违反有关安全管理的规定，因而发生重大伤亡事故，其行为已构成重大责任事故罪。公诉机关指控罪名成立，予以支持。

关于被告人吴迪的辩护人提出本次事故的发生是被告人吴迪对员工未进行严格、系统的安全操作培训、安排不具备教练员和救生员职业资格的人员从事相关工作以及受害者父母照看不利等多种原因造成，具有多重、复合因素的辩护意见。经查，首先，菲特尼斯游泳馆“7·18”淹溺事故调查报告证实事故调查组经过调查、取证、分析，认定本起事故为一般安全生产责任事故，事故责任单位是宿迁菲特尼斯健身有限公司。事故发生的直接原因是张某甲在游泳课程结束后，在无游泳馆工作人员监护情况下返回泳池内溺水，较长时间内无人发现，经抢救无效死亡；间接原因是宿迁菲特尼斯健身有限公司管理混乱，未建立健全安全岗位责任制、安全规章制度和安全操作规程，未对相关从业人员开展安全培训，未按照规定配备救生员，安排未取得游泳救生员资格证的人员上岗，对游泳馆现场安全管理不到位，对儿童发生溺水未能及时发现。其次，现场监控视频及证人徐某某、彭某某、张某乙、陆某、姬某某、刘某等人证言均证实，被害人张某甲为未成年人，游泳课上课期间不允许家长陪同，课程结束后，其母亲徐某某多次欲进入游泳馆内寻找张某甲而被阻拦，辩护人提出的被害人父母照看不利系事故发生的原因之一的意见与事实不符。故本次事故发生的直接及间接原因明确，辩护人所提的上述辩护意见，不予采纳。

被告人吴迪犯罪以后自动投案，归案后如实供述自己的罪行，系自首，可以从轻处罚。被告人吴迪自愿认罪认罚，可以从宽处理。被告人吴迪近亲属已赔偿被害人近亲属的经济损失并取得谅解，酌情从轻处罚。经调查评估，被告人吴迪具备社区接受矫正条件。综合全案情节，法院决定对被告人吴迪从轻处罚并适用缓刑。辩护人所提与上述相同的意见，予以采纳。公诉机关的量刑建议适当，予以采纳。

据此，依照《中华人民共和国刑法》第一百三十四条第一款，第六十七条第一款，第七十二条第一款，第七十三条第二款、第三款，《中华人民共和国刑事诉讼法》第二百零一条之规定，宿迁市宿城区人民法院于2021年7月7日作出(2021)苏1302刑初127号刑事判决：

被告人吴迪犯重大责任事故罪，判处有期徒刑二年，缓刑三年。

一审宣判后，被告人吴迪未上诉，检察机关未抗诉，一审判决已发生法律效力。

案例报送单位：宿迁市宿城区人民法院
一审合议庭成员：孔珊珊、蔡则武、靳　娟
报送人：戴建军、孔珊珊
审稿人：缪　芳

潘长江组织他人违章冒险作业案

（2022）参阅案例22号

【裁判摘要】

1. 对于《刑法》第一百三十四条第二款规定的“重大事故隐患”，没有国家规定或国家标准、行业标准的，人民法院可以结合事故调查部门出具的事故调查报告，在考量原因力大小、违反有关安全管理规定的严重程度、有无采取避免事故发生的措施等因素的基础上进行综合认定。

2. 建筑垃圾运输企业实际控制人长期怠于履行安全管理职责，随意拆除运行车辆安全装置，多次组织车辆在禁止通行时段和路线开展运输作业，属于明知存在重大事故隐患而不排除，仍冒险组织作业，因而发生重大伤亡事故的，构成组织他人违章冒险作业罪。

【相关法条】

1.《中华人民共和国刑法》第一百三十四条第二款　强令他人违章冒险作业,或者明知存在重大事故隐患而不排除,仍冒险组织作业,因而发生重大伤亡事故或者造成其他严重后果的,处五年以下有期徒刑或者拘役;情节特别恶劣的,处五年以上有期徒刑。

第三十七条之一第一款　因利用职业便利实施犯罪,或者实施违背职业要求的特定义务的犯罪被判处刑罚的,人民法院可以根据犯罪情况和预防再犯罪的需要,禁止其自刑罚执行完毕之日或者假释之日起从事相关职业,期限为三年至五年。

2.《最高人民法院、最高人民检察院关于办理危害生产安全刑事案件适用法律若干问题的解释》第二条　刑法第一百三十四条第二款规定的犯罪主体,包括对生产、作业负有组织、指挥或者管理职责的负责人、管理人员、实际控制人、投资人等人员。

第六条第一款　实施刑法第一百三十二条、第一百三十四条第一款、第一百三十五条、第一百三十五条之一、第一百三十六条、第一百三十九条规定的行为,因而发生安全事故,具有下列情形之一的,应当认定为"造成严重后果"或者"发生重大伤亡事故或者造成其他严重后果",对相关责任人员,处三年以下有期徒刑或者拘役:

(一)造成死亡一人以上,或者重伤三人以上的;

……

第十六条　对于实施危害生产安全犯罪适用缓刑的犯罪分子,可以根据犯罪情况,禁止其在缓刑考验期限内从事与安全生产相关联的特定活动;对于被判处刑罚的犯罪分子,可以根据犯罪情况和预防再犯罪的需要,禁止其自刑罚执行完毕之日或者假释之日起三年至五年内从事与安全生产相关的职业。

【点评】

本案系全国首例以组织他人违章冒险作业罪对建筑垃圾运输公司负责人进行惩处的刑事案件。近年来,建筑垃圾运输车(俗称渣土车)造成的重大伤亡事故发生较多,人民群众对此深恶痛绝。《刑法修正案(十一)》施行前,此类案件均以交通肇事罪处置肇事司机,鲜见对公司管理人员判处刑罚。实践中,渣土车公司通过购买大额保险规避损失,管理人员仍怠于履行安全管理职责,渣土车安全隐患并未消除。《刑法修正案(十一)》增设了组织他人违章冒险作业罪,将

“明知存在重大事故隐患而不排除，仍冒险组织作业”，造成法定后果的行为，纳入刑法规制范畴。但对于刑法意义上的“重大事故隐患”如何认定并未作出明确的法律规定。本案中，在没有国家规定及国家标准、行业标准的情况下，人民法院结合安全生产专家组出具的深度调查报告，对原因力大小、违反有关安全管理规定的严重程度、有无采取避免事故发生的措施等因素进行综合审查，认定鸿江公司渣土运输作业存在重大事故隐患，以组织他人违章冒险作业罪对公司实际控制人判处刑罚并适用了严格的从业禁止规定。本案裁判就如何准确认定《刑法》第一百三十四条第二款规定的“重大事故隐患”、组织主体提供了解决路径，对于正确区分交通肇事、重大责任事故、组织他人违章冒险作业具有一定的参考价值。同时，为渣土车运输管理设置了一条红线标准，警示管理人员切实履行安全生产管理职责。

公诉机关：常州市天宁区人民检察院。

被告人：潘长江，男，47岁，汉族，初中文化程度，系常州市鸿江基础建设工程有限公司实际控制人，住常州市天宁区。因涉嫌犯重大责任事故罪于2021年4月22日被取保候审，同年6月16日经本院决定逮捕。

常州市天宁区人民检察院指控被告人潘长江犯组织他人违章冒险作业罪，向常州市天宁区人民法院提起公诉。

公诉机关指控：常州市鸿江基础建设工程有限公司（以下简称鸿江公司）成立于2019年11月6日，实际控制人为被告人潘长江，全面负责公司生产经营。鸿江公司自成立以来，未取得《常州市建筑垃圾运输单位承运条件核准书》，在开展运输作业时无《常州市建筑垃圾处置证》和《车辆通行线路单》，长期违反渣土运输限时和禁区管理规定，并通过违法罚款补偿制度纵容驾驶人员违规。鸿江公司相关人员未经交通运输部门考核合格即开展作业活动，公司部分重型自卸货车前下部防护装置已拆除，不符合《机动车运行安全技术条件》等国家强制标准，公司未在右转弯路口设置安全员。2020年11月9日、2021年1月5日，鸿江公司因未经核准运输建筑垃圾等原因被相关部门行政处罚。被告人潘长江在明知存在上述重大事故隐患的情况下，疏于履行安全管理职责，仍组织、指挥鸿江公司相关人员长期违章冒险作业。2021年4月11日11时38分许，鸿江公司驾驶员武某（已判刑）驾驶鸿江公司已拆除前下部防护装置的苏DJA×××号重型自卸货车，沿常州市天宁区龙游南路由北向南行驶至富盛二路路口右转弯过程中发生道路交通事故，造成段某当场死亡。经认定，武某承担该道路交通事故的全部责任，段某不承担责任。事发路段不符合渣土车行驶过程中尽量避开右转的原则，且该路段设有学校、菜场等，人流量密集，根据作业工程的相关情况，该路段白天时段禁止渣土车通行。鸿江公司存在未经核准擅自从事渣土运输作业、车辆不符合国家强制标准、公司管理人员随意指定运输路线等七项违反安全管理规定的行为，属于重大事故隐患。被告人潘长江在接到公安机关电话通知后到案并如实供述了上述事实。公诉机关认为，被告人潘长江作为鸿江公司实际控制人，明知存在重大事故隐患而不排除，仍冒险组织作业，因而发生安全事故，造成一人死亡，其行为已触犯了《中华人民共和国刑法》第一百三十四条第二款之规定，应当以组织他人违章冒险作业罪追究其刑事责任。被告人潘长江自动投案并如实供述自己的罪行，愿意接受处罚，依法可以从轻处罚。公诉机关建议判处被告人潘长江有期徒刑一年十个月；禁止被告人潘长江自刑罚执行完毕之日或假释之日起五年内从事与安全生产相关的职业。

被告人潘长江对指控事实、罪名及量刑建议没有异议，且签字具结，在开庭审理过程中亦无异议。

被告人潘长江的辩护人的辩护意见为：(1)其具有自首、认罪认罚的情节，积极赔偿被害人，并争取获得家属的谅解；(2)其系初犯，运输作业中主要考虑工程进度、企业的经济成本，渣土车运输行业的现状、法律意识不足等因素导致其主观上放任了危害结果的发生，主观恶性相对较低；(3)作为公司负责人，经营仍需其带领。综上，建议对其适用缓刑。

常州市天宁区人民法院经审理查明：

常州市鸿江基础建设工程有限公司(以下简称鸿江公司)成立于2019年11月6日，公司经营范围主要为土石方工程、市政工程、道路货物运输等。被告人潘长江系该公司实际控制人，全面负责公司生产经营。

鸿江公司自成立以来，违反《中华人民共和国安全生产法》《城市建筑垃圾管理规定》等安全生产管理规定，未取得“常州市建筑垃圾运输单位承运条件核准书”、“常州市建筑垃圾处置证”和“车辆通行线路单”，在相关人员亦未经交通运输部门考核合格的情况下，从事运输作业活动。此外，鸿江公司为便于车辆在工地上行驶，违反《机动车运行安全技术条件》等国家强制标准，拆除部分重型自卸货车前下部防护装置；未按照要求在右转弯路口设置安全员。同时，鸿江公司长期违反渣土运输限时和禁区管理规定，并通过违法罚款补偿制度纵容驾驶人员违规，即如果驾驶员按照公司确定的线路在限行区域内行驶，由此产生的交通违法罚款和记分，公司按200—300元/分的标准补偿驾驶员，如果不按照公司确定的线路行驶，产生的交通罚款由驾驶员本人承担。至案发时，鸿江公司名下重型自卸货车共有闯禁区等违法记录181条，其中闯禁区未整改87条，相关部门多次要求鸿江公司整改，但仍未整改。2020年11月9日、2021年1月5

日，鸿江公司曾因未经核准运输建筑垃圾等原因被行政处罚。

被告人潘长江在明知存在上述重大事故隐患的情况下，疏于履行安全管理职责，仍组织、指挥鸿江公司相关人员长期违章冒险作业，并组建微信工作群对运输作业进行指挥管理。2021 年 4 月，鸿江公司承接了常州华润工地渣土内转和外运的业务。2021 年 4 月 10 日，被告人潘长江安排该公司安全经理朱德华、车队长汪某（均另案处理）派车前往。当晚，朱某、汪某得知中吴大道和平路封路，要求驾驶员从龙游路左转（空车回）。2021 年 4 月 11 日 11 时 38 分许，鸿江公司驾驶员武某（已判刑）按照公司前一天确定的路线，驾驶公司所有的苏 DJA×××号重型自卸货车，沿常州市天宁区中吴大道由东向西行驶至龙游路路口左转入龙游南路，在由北向南行驶至富盛二路路口右转弯过程中，遇行人段某在该路口由北向南步行至西侧人行横道处，上述车辆前部撞击段某身体，致段某倒地并被该车碾压，造成段某当场死亡。经认定，武某驾驶机动车违反交通禁令标志指示行驶至事发路口，未尽到注意义务，未停车让行，未确保安全驾驶，承担该事故的全部责任，段某不承担责任。

事故发生后，常州市公安局交通警察支队天宁大队组建专家组开展事故深度调查，并委托鉴定机构对事故车辆进行鉴定。经鉴定，事发时苏 DJA×××号重型自卸货车前下部防护装置缺失，不符合《商用车前下部防护要求》（GB 26511－2011）和《机动车运行安全技术条件》（GB 7258－2017）要求；在事故过程中安装前下部防护装置的车辆对前方车辆或人员造成严重破坏或损伤的概率比未安装前下部防护装置的车辆对前方车辆或行人造成严重破坏或损伤的概率低。经认定，事故发生路段沿线有 1 个菜场，2 个学校，2 个超市，4 个居民小区，右转弯 3 个，不能被指定为渣土运输线路；鸿江公司存在未经核准擅自从事渣土运输作业、长期违反渣土运输限时和禁区管理规定、随意指定运输线路、渣土运输车不符合国家强制标准等七大安全生产问题，属于重大事故隐患。

另查明，2021 年 4 月 16 日，常州市公安局交通警察支队天宁大队电话通知潘长江，告知其因涉嫌犯重大责任事故罪被立案侦查，要求其于 2021 年 4 月 19 日至常州市交警支队事故处理大队。被告人潘长江接电话通知后，即主动按照上述时间和地点到案并如实供述了上述事实。

2021 年 7 月 8 日，常州市天宁区人民法院以武某犯交通肇事罪，判处有期徒刑一年六个月。2021 年 12 月 28 日，常州市天宁区人民法院判决中国人民财产保险股份有限公司徐州市分公司向被害人段某家属赔付 1180000 元；鸿江公司向被害人段某家属赔付 39059 元。中国人民财产保险股份有限公司徐州市分公司、鸿江公司均已履行完毕。

常州市天宁区人民法院一审审理认为：

建筑垃圾运输业是城市安全生产管理

的重要内容,企业承运建筑垃圾必须具备行业准入资质,遵守安全运输时限和禁区管理等安全生产规定,运行车辆和相关人员亦应当具备安全运输的条件。被告人潘长江作为鸿江公司实际控制人,违反安全生产规定,主观上明知未经核准不得从事建筑垃圾运输作业,而在组织运输作业过程中,长期怠于履行安全管理职责,明知存在重大事故隐患而不排除,仍冒险组织作业,因而发生重大伤亡事故,其行为已构成组织他人违章冒险作业罪。公诉机关指控的事实清楚,证据确实充分,应予支持。

被告人潘长江自动投案并在到案后能如实供述自己的罪行,愿意接受处罚,依法对其可以从轻处罚。关于被告人潘长江的辩护人所提其系初犯,具有自首、认罪认罚等从轻处罚情节的辩护意见,经查属实,予以采纳。关于被告人潘长江的辩护人所提其主观恶性较小的意见,经审查认为,其管理的鸿江公司,长期以来多次违反渣土车运输时限和禁区管理规定,经多次通报、处罚仍不予以整改,随意拆除运行车辆的安全装置、随意指定通行时段和路线,本次运输作业中,事故车辆被拆除安全装置且在禁止通行的时段、区域行驶发生碾压致人死亡事故,其主观恶性较深,相关的辩护意见不予采纳。关于被告人潘长江的辩护人所提的量刑意见,综合考虑本案的事实、情节、后果及社会危害性,不宜适用缓刑,相关的辩护意见不予采纳。公诉机关的量刑建议适当,予以采纳。

据此,依照《中华人民共和国刑法》第一百三十四条第二款,第三十七条之一,第六十七条第一款;《最高人民法院关于处理自首和立功具体应用法律若干问题的解释》第一条;《最高人民法院、最高人民检察院关于办理危害生产安全刑事案件适用法律若干问题的解释》第二条,第六条第一款、第二款,第十六条及《中华人民共和国刑事诉讼法》第十五条,第二百零一条之规定,常州市天宁区人民法院于 2022 年 6 月 16 日作出(2022)苏 0402 刑初 152 号判决:

被告人潘长江犯组织他人违章冒险作业罪,判处有期徒刑一年十个月;禁止被告人潘长江自刑罚执行完毕之日或假释之日起五年内从事与安全生产相关的职业。

一审宣判后,被告人未上诉,公诉机关未抗诉,一审判决已经发生法律效力。

案例报送单位:常州市天宁区人民法院
一审合议庭成员:周 萍、韩志伟、陈 琳
报送人:陈 琳
审稿人:缪 芳

陈福山诉江苏翠洲环境科技有限公司工伤保险待遇纠纷案

（2022）参阅案例23号

【裁判摘要】

因第三人侵权造成工伤，职工在侵权诉讼中关于医疗费用的请求已经获得支持，但实际未能受偿，其就该费用再次请求支付工伤保险待遇的，人民法院应予支持。用人单位履行支付义务后，职工在侵权诉讼中就相关医疗费用享有的申请执行权转移给用人单位。

【相关法条】

《中华人民共和国社会保险法》第四十一条第一款　职工所在用人单位未依法缴纳工伤保险费，发生工伤事故的，由用人单位支付工伤保险待遇。用人单位不支付的，从工伤保险基金中先行支付。

第四十二条　由于第三人的原因造成工伤，第三人不支付工伤医疗费用或者无法确定第三人的，由工伤保险基金先行支付。工伤保险基金先行支付后，有权向第三人追偿。

【点评】

因第三人侵权造成工伤的，工伤职工既可以向加害人主张侵权损害赔偿，也可以向用人单位主张工伤保险待遇赔偿。如果工伤职工已就医疗费用等实际发生的费用在侵权诉讼中获得赔偿，用人单位在支付工伤保险待遇时应予扣除。用人单位先行支付工伤保险待遇的，可以在第三人应当承担的赔偿责任范围内向第三人追偿。本案中，工伤职工虽先提起了侵权诉讼，生效判决亦支持了其关于请求侵权人赔偿医疗费用的主张。但该判决因侵权人无清偿能力而被裁定终结执行，医疗费用并未实际获得赔偿。此种情况下工伤职工能否在工伤保险待遇赔偿诉讼中再次主张医疗费用，法律或司法解释没有做出明确的规定，但是从

《社会保险法》第四十一条、第四十二条对工伤保险基金先行支付的规定来看，其立法本意是优先保障劳动者合法权益的实现。从保障工伤职工医疗权及时实现及工伤保险社会保障性质的角度出发，应当认定未依法缴纳工伤保险费的用人单位仍负有支付工伤保险待遇的责任，即应当允许工伤职工提起本案诉讼并可以主张包括医疗费用在内的工伤保险待遇。同时，为保障两案的协调处理，再审法院经向当事人释明，明确将前案生效判决确定的工伤职工对侵权人享有的医疗费用申请执行权，转移给用人单位行使。本案再审判决符合《社会保险法》《劳动法》的立法本意，切实保障了劳动者的合法权益，展现了法官的司法智慧，对今后类案审理具有一定的参考价值。

再审申请人：陈福山，男，66 岁，汉族，住南京市六合区。

被申请人：江苏翠洲环境科技有限公司，住所地南京市六合区马鞍街道。

陈福山因与江苏翠洲环境科技有限公司（以下简称翠洲公司）工伤保险待遇纠纷一案，向南京市六合区人民法院提起诉讼。南京市六合区人民法院作出（2020）苏 0116 民初 774 号民事判决，陈福山不服一审判决，向南京市中级人民法院提起上诉。南京市中级人民法院作出（2020）苏 01 民终 6588 号民事判决，陈福山仍不服，向江苏省高级人民法院申请再审。江苏省高级人民法院于 2021 年 7 月 29 日决定对本案再审。

陈福山向一审法院起诉请求：翠洲公司支付其工伤保险待遇共 207065.17 元，其中医疗费 150776.17 元、住院伙食补助费 1120 元、交通费 800 元、辅助器具费 1008 元、护理费 6720 元、停工留薪期工资 10758 元、一次性伤残补助金 35883 元。

一审法院经审理查明：2018 年 5 月，陈福山入职翠洲公司（原企业名称为南京碧玉园林绿化工程有限公司，2019 年 6 月 4 日变更为现名称），双方签订《劳务协议书》一份，约定翠洲公司安排陈福山从事保洁工作，工资发放方式为打卡。协议未约定工资标准，陈福山实际每月领取工资 1720 元。2018 年 11 月 12 日，陈福山在工作时被案外人杨某标骑摩托车撞伤，后住院治疗，2019 年 1 月 8 日出院。陈福山出院诊断为：（1）车祸伤，①颅脑外伤，②左侧颞叶出血，③左侧额颞顶部硬膜下出血，④蛛网膜下腔出血，⑤颅骨骨折，⑥头皮血肿；（2）高血压病；（3）冠状动脉粥样硬化性心脏病。陈福山之后又多次到南京脑科医院就诊，并开具病假证明书，最后一次病假证明书时间为 2019 年 7 月 23 日，医嘱建议全休 14 天。2019 年 1 月 16 日，南京市六合区人力资源和社会保障局认定陈福山构成工伤。2019 年 12 月 16 日，南京市劳动能力鉴定委员会出具劳动能力鉴定结论通知书,鉴定陈福山致残程度为伤残九级,无护理依赖。2020 年 1 月 20 日,陈福山向南京市六合区劳动人事争议仲裁委员会申请仲裁,要求翠洲公司支付工伤保险待遇 207065.17 元,该委于 2020 年 1 月 20 日裁决不予受理,陈福山遂诉至法院。

陈福山受伤住院期间,翠洲公司职工赵某峰代表公司为陈福山垫付医疗费 20000 元,陈福山儿子陈某出具了借条,载明借到赵某峰 20000 元。案件审理过程中,赵某峰到庭表示该款项系公司垫付,要求在本案中一并处理,并将借条原件提交法庭。陈福山同意在本案中一并处理。一审时,陈福山自认翠洲公司在其停工留薪期间支付工资 6412 元。

另查明,陈福山于 2019 年 3 月 18 日向一审法院起诉杨某标,要求杨某标赔偿医疗费等各项损失 156748.53 元,一审法院于 2019 年 5 月 21 日作出(2019)苏 0116 民初 2421 号民事判决书,判决杨某标赔偿陈福山医疗费 145900.53 元、住院伙食补助费 1120 元、护理费 6720 元、残疾辅助器具费 389 元、轮椅手推车费 619 元、交通费 800 元。

2019 年 9 月 2 日,陈福山又起诉杨某标赔偿医疗费、营养费、护理费、误工费、残疾赔偿金、精神损害赔偿金及鉴定费等,一审法院于 2019 年 10 月 29 日作出(2019)苏 0116 民初 6464 号民事判决书,判决杨某标赔偿陈福山医疗费 4875.64 元、营养费 1800 元、护理费 3400 元、误工费 5708 元、残疾赔偿金 179360 元、精神损害抚慰金 10000 元、鉴定费 3700 元,合计 208843.64 元。

上述两份判决书均已生效。

一审法院审理认为,劳动者达到或超过法定退休年龄的,不能享受一次性伤残就业补助金和一次性工伤医疗补助金,用人单位未依法为劳动者缴纳工伤保险费,因第三人侵权造成劳动者人身损害并构成工伤,侵权人已经赔偿的,劳动者有权请求用人单位支付除工伤医疗费用之外的工伤保险待遇。工伤医疗费用,是指工伤职工因治疗工伤而发生的医疗费、护理费、营养费、交通食宿费、住院伙食补助费、残疾辅助器具费等实际支出费用。本案中,陈福山构成工伤,其在本案中主张的工伤医疗费用,在上述道路交通事故损害赔偿案件中已经处理,相关判决已生效并进入执行程序,陈福山在本案中不能重复主张,对其主张的医疗费 150776.17 元、住院伙食补助费 1120 元、交通费 800 元、辅助器具费 1008 元、护理费 6720 元,不予支持。

陈福山受伤前月平均工资为 1720 元,低于南京市最低工资标准,陈福山主张按照南京市最低工资标准 2020 元/月计算,予以支持。根据住院材料及南京脑科医院病假证明书,确定陈福山停工留薪期为 2018 年 11 月 12 日至 2019 年 8 月 6 日,陈福山主张按 8.5 个月计算,符合法律规定,翠洲公司已支付 6412 元,应再支付停工留薪期工资 10758 元(2020 元/月 ×8.5 个月 - 6412 元)。陈福山被鉴定为九级伤残,一次性伤残补助金为 9 个月的工资。陈福山受伤前平均工资低于2017年度南京市职工平均工资的60%,应按南京市职工平均工资的60%计算,陈福山主张的6645元/月×60%不超过法定标准,对其主张的一次性伤残补助金35883元(6645元/月×60%×9个月),予以支持。以上两项合计46641元,因翠洲公司已垫付20000元,还应支付26641元。一审法院遂于2020年6月2日作出(2020)苏0116民初774号民事判决:(一)翠洲公司于判决生效之日起十日内向陈福山支付26641元;(二)驳回陈福山的其他诉讼请求。

陈福山不服一审判决,向南京市中级人民法院提出上诉。请求:撤销一审判决,改判支持其全部诉请。

二审中,双方当事人均未提供新证据。二审法院查明事实与一审一致。

二审法院归纳案件争议焦点为:陈福山要求翠洲公司支付医疗费、住院伙食补助费、交通费、辅助器具费、护理费的主张应否支持。

二审法院审理认为,在陈福山与杨某标机动车交通事故责任纠纷案件中,法院已判决杨某标赔偿陈福山医疗费、住院伙食补助费、交通费、辅助器具费、护理费,相关判决书生效并已进入执行程序,陈福山的医疗费用已经得到法律的保护,不应当重复计算,一审法院未支持陈福山医疗费、住院伙食补助费、交通费、辅助器具费、护理费诉请,并无不当,陈福山的上诉主张缺乏事实和法律依据,不予支持。遂于2020年8月31日作出(2020)苏01民终6588号民事判决:驳回上诉,维持原判。

陈福山申请再审称:(1)其两次起诉杨某标机动车交通事故责任纠纷,案号分别为(2019)苏0116民初2421号、(2019)苏0116民初6464号,两案均一审生效,进入执行程序后,因杨某标无财产可供执行,仅执行到3395.07元,此外未能再从杨某标处执行到任何款项,目前法院已经裁定两起案件终结执行。一、二审法院认定陈福山已经在机动车交通事故责任纠纷案件中获得相应赔偿,未支持其医疗费、住院伙食补助费、交通费、辅助器具费、护理费诉请,系认定事实错误。(2)本案应以陈福山是否实际获得赔偿款作为认定其应否获得医疗费用的前提,而不能仅以已有另案生效判决为由,不支持其工伤保险待遇的诉请。综上,陈福山依据《中华人民共和国民事诉讼法》第二百零七条的规定申请再审。

翠洲公司辩称:一、二审法院判决翠洲公司支付陈福山停工留薪期工资10758元、一次性伤残补助金35883元,合计46641元,翠洲公司已经履行完毕,加上机动车交通事故纠纷案件中法院判决杨某标赔偿陈福山的36万余元,陈福山获得判决支持的赔偿款数额合计达41万余元,远超九级伤残的赔偿标准,杨某标系被拆迁户,拥有拆迁安置房和农村土地承包权流转金,前案判决执行到位只是时间问题。一、二审判决认定事实清楚,适用法律正确,判决公平公正,请求驳回陈福山的再审申请,维持原判。

江苏省高级人民法院对一、二审判决查明的事实予以确认。

另查明：前述（2019）苏 0116 民初 2421 号、6464 号民事判决书生效后，陈福山先后向一审法院申请强制执行，该院对杨某标名下的不动产、银行证券、互联网银行、工商、车辆等信息进行了调查，分别查得杨某标账户余额 3445.07 元、87.95 元，依法拨付给陈福山 3395.07 元，此外未再查到杨某标其他财产线索。该院于 2019 年 8 月 2 日对杨某标采取限制消费令强制措施，于 2019 年 12 月 17 日将杨某标纳入失信被执行人员名单，于 2021 年 10 月 25 日冻结杨某标在大泉村党群服务中心的收入。陈福山未能提供杨某标可供执行财产线索。因杨某标无其他财产线索可供执行，该院先后于 2019 年 12 月 20 日、2021 年 12 月 3 日分别作出（2019）苏 0116 执 1994 号、（2021）苏 0116 执 2106 号执行裁定书，裁定终结当次执行程序，并告知如发现杨某标有可供执行财产的，可申请恢复执行。

江苏省高级人民法院再审认为，《中华人民共和国社会保险法》第四十一条第一款规定："职工所在用人单位未依法缴纳工伤保险费，发生工伤事故的，由用人单位支付工伤保险待遇。用人单位不支付的，从工伤保险基金中先行支付。"该法第四十二条规定："由于第三人的原因造成工伤，第三人不支付工伤医疗费用或者无法确定第三人的，由工伤保险基金先行支付。工伤保险基金先行支付后，有权向第三人追偿。"由此可见，由于劳动关系以外的第三人侵权造成劳动者人身损害，同时构成工伤的，劳动者一方面可依侵权行为向加害人请求损害赔偿，另一方面可依工伤保险的规定请求保险给付，二者之间为"部分兼得、部分补充"的关系。即如果劳动者已获得侵权赔偿，用人单位承担的工伤保险责任中应扣除第三人已支付的医疗费用。用人单位先行支付工伤保险赔偿的，可以在第三人应当承担的赔偿责任范围内向第三人追偿。对于实际发生的医疗费用以外的其他费用，则采取兼得原则。本案中，陈福山在工作时被案外人杨某标骑摩托车撞伤，该事故伤害被认定为工伤，虽然陈福山已提起前案 2421 号、6464 号交通事故责任诉讼，且相关医疗费用的诉请已经得到法院生效判决支持，但因杨某标无财产可供执行，陈福山未能实际获得医疗费用赔偿。陈福山主张由用人单位翠洲公司在工伤保险待遇范围内支付其医疗费用，然后再由翠洲公司在交通事故生效判决书确定的陈福山对杨某标享有的医疗费用赔偿金额范围内向杨某标追偿的主张，不违反法律规定，符合人的生命权健康权优先保护的法治精神，与公平公正的核心价值观相一致，亦有利于工伤职工医疗权的及时实现。陈福山陈述其在本案中主张的医疗费用合计 160424.17 元，其中 150776.17 元医疗费，系用前述 2421 号生效判决书支持的医疗费 145900.53 元与 6464 号生效判决书支持的 4875.64 元相加计算得出，住院伙食费 1120 元、交通费

800 元、辅助器具费 1008 元、护理费 6720 元,则系在 2421 号判决书中已获支持的赔偿项目。经查,陈福山陈述的医疗费用与上述 2421 号、6464 号生效判决书中对应判项的内容及数额一致。

翠洲公司提出,陈福山的医疗费用已经得到法律保护,不应重复计算。因陈福山未能实际获得医疗费用赔偿,其基于用工法律关系在本案中主张工伤保险待遇,有事实和法律依据。陈福山已承诺在翠洲公司先行支付其工伤医疗费用后,其自愿将 2421 号、6464 号生效民事判决书判决其对杨某标享有的相应医疗费用的申请执行权转移给翠洲公司行使,故本案支持陈福山全部工伤保险待遇诉请不构成医疗费用的重复计算。翠洲公司称案外人杨某标有拆迁房屋及土地经营权流转收益可供执行,其并未举证证明,且一审法院已裁定终结执行,至今尚未恢复执行,故其以此为由主张不承担医疗费用赔偿责任,不能成立。

综上,陈福山请求翠洲公司在工伤保险待遇范围内支付医疗费用的主张能够成立,一、二审法院未支持不当,予以改判。依照《中华人民共和国社会保险法》第四十一条第一款、第四十二条,《工伤保险条例》第三十条、第三十二条、第三十三条、第三十四条、第三十七条、第六十二条、第六十四条,《中华人民共和国民事诉讼法》第二百一十四条第一款、第一百七十七条第一款第二项,《最高人民法院关于适用〈中华人民共和国民事诉讼法〉的解释》第四百零一条第一款之规定,江苏省高级人民法院于 2022 年 6 月 28 日作出(2021)苏民再 449 号民事判决:

一、撤销南京市中级人民法院(2020)苏 01 民终 6588 号民事判决及南京市六合区人民法院(2020)苏 0116 民初 774 号民事判决第二项;

二、维持南京市六合区人民法院(2020)苏 0116 民初 774 号民事判决第一项;

三、江苏翠洲环境科技有限公司于判决生效后十日内支付陈福山医疗费 150776.17 元、住院伙食费 1120 元、交通费 800 元、辅助器具费 1008 元、护理费 6720 元,合计 160424.17 元。江苏翠洲环境科技有限公司支付陈福山医疗费用完毕后,陈福山根据一审法院(2019)苏 0116 民初 2421 号生效民事判决书而享有的医疗费 145900.53 元、住院伙食费 1120 元、交通费 800 元、辅助器具费 1008 元、护理费 6720 元及基于(2019)苏 0116 民初 6464 号生效民事判决书享有的 4875.64 元医疗费的申请执行权转移给江苏翠洲环境科技有限公司。

案例报送单位:省法院民四庭

再审合议庭成员:王　芬、徐美芬、王婷婷

报送人:王　芬

审稿人:缪　芳

郑州曳头网络科技有限公司诉浙江天猫网络有限公司、丁晓梅等侵害外观设计专利权纠纷案

（2022）参阅案例 24 号

【裁判摘要】

涉电子商务平台知识产权侵权纠纷案件中，被诉侵权人申请要求平台经营者恢复销售链接的，人民法院应当综合考虑申请人销售商品构成侵权的可能性、不恢复销售链接是否会给申请人造成难以弥补的损害、申请人提供担保情况、恢复销售链接是否损害社会公共利益等因素，裁定是否恢复销售链接。

【相关法条】

《中华人民共和国民事诉讼法》（2017 年修正）第一百零六条　人民法院对下列案件，根据当事人的申请，可以裁定先予执行：

（一）追索赡养费、扶养费、抚育费、抚恤金、医疗费用的；

（二）追索劳动报酬的；

（三）因情况紧急需要先予执行的。

第一百零七条　人民法院裁定先予执行的，应当符合下列条件：

（一）当事人之间权利义务关系明确，不先予执行将严重影响申请人的生活或者生产经营的；

（二）被申请人有履行能力。

人民法院可以责令申请人提供担保，申请人不提供担保的，驳回申请。申请人败诉的，应当赔偿被申请人因先予执行遭受的财产损失。

【点评】

本案被业界称为国内首例“反向行为保全”案。与通常由专利权人为及时

制止侵权行为申请的行为保全不同，本案的特殊情形在于，在侵害专利权案件中，被诉侵权人向法院申请恢复被删除的销售链接。根据《电子商务法》“通知—删除”规则，电子商务平台制定了有关知识产权投诉处理规则，根据投诉人的投诉材料，决定维持现状还是采取删除销售链接等措施。如果投诉人提起知识产权侵权诉讼的，平台经营者通常会选择采取删除销售链接等措施。此外，《电子商务法》还规定投诉人有“十五日等待期”，以决定是否撤回投诉或向法院起诉等。当前，电子商务平台上同业竞争者恶意诉讼的情形较为常见，如果不及时恢复链接，极有可能使网络销售商丧失商机，给其造成难以弥补的损害。本案中，经法院审查认为侵权的可能性较小，且符合相关事实和法律要件，对被诉侵权人要求平台经营者恢复被诉侵权产品销售链接的申请予以支持。本案合理平衡了专利权人、网络销售商、电商平台之间的利益关系，对于解决电子商务中的恶意投诉问题，促进电子商务的健康发展具有启示意义，为明确反向行为保全措施的适用条件，完善相关法律制度提供了实践样本，亦为电商平台提供了处理类似纠纷的行为指引。

申请人：郑州曳头网络科技有限公司，住所地河南省郑州市管城区。

被申请人：浙江天猫网络有限公司，住所地浙江省杭州市余杭区。

被申请人：丁晓梅，女，43岁，汉族，住江苏省通州市。

被申请人：南通苏奥纺织品有限公司，住所地江苏省南通市高新区。

被申请人丁晓梅因与申请人郑州曳头网络科技有限公司（以下简称曳头公司）、被申请人南通苏奥纺织品有限公司（以下简称苏奥公司）、被申请人浙江天猫网络有限公司（以下简称天猫公司）发生侵害外观设计专利权纠纷，向南京市中级人民法院提起诉讼。案件审理过程中，曳头公司作为申请人于2019年6月10日申请法院裁定先予恢复被删除的销售链接。

申请人曳头公司称：（1）被诉侵权产品没有落入涉案外观设计专利权的保护范围。被诉侵权产品与涉案外观设计之间的相同点在于蚊帐可折叠骨架的整体形状，不同点在于蚊帐布的形状和图案。其中，相同点部分为现有设计；不同点部分可以视为涉案外观设计的设计要点，即被诉侵权产品没有使用涉案专利的设计要点部分。因此，曳头公司制造、销售被诉侵权产品的行为不构成侵权。（2）由于被申请人丁晓梅的投诉，天猫公司删除了被诉侵权产品的销售链接，给曳头公司造成了难以弥补的损失。被诉侵权产品为蚊帐，系夏季季节性产品，目前处于销售旺季。在销售链接被删除之前，该产品已经做到同类产品第一名的位置，即将到来的“6·18”活动是天猫平台继“双11”之后举办的第二个大型夏季销售推广活动，删除销售链接将严重影响曳头公司的产品销售，不尽快恢复链接将对曳头公司的生产经营活动造成无法估量的损失。因此，为了避免造成难以弥补的损失，曳头公司申请法院裁定要求天猫公司先予恢复被诉侵权产品在其所经营的天猫网购平台上的销售链接。

被申请人丁晓梅答辩称，丁晓梅作为涉案外观设计专利权人向被申请人天猫电子商务平台投诉申请人曳头公司等存在专利侵权行为，并依法向法院起诉曳头公司侵害外观设计专利权，天猫电子商务平台应当根据电子商务法的相关规定删除曳头公司的侵权产品销售链接。因此，曳头公司的申请缺乏事实和法律依据，应当予以驳回。

南京市中级人民法院经审理查明：

2016年1月28日，丁晓梅向国家知识产权局申请了名称为“便携式婴幼儿折叠蚊帐”的外观设计专利，于2016年6月22日获得授权。同日，丁晓梅申请“一种便携式婴幼儿折叠蚊帐”的实用新型专利，获得授权后，又于2017年3月被宣告无效。

曳头公司是淘宝店铺“同梦母婴专营店”的经营者，苏奥公司系曳头公司的关联公司。2019年3月2日，丁晓梅向天猫公司投诉，称曳头公司、苏奥公司制造和销售的遮光U型蚊帐产品和升级U型蚊帐产品即涉案被诉侵权产品侵害其外观设计专利权。2019年3月7日，曳头公司向天猫公司提供《反通知》《天猫知识产权投诉申诉书》等相关对比文件材料，承诺其在天猫平台上展示的被投诉的遮光U型蚊帐产品和升级U型蚊帐产品未侵害丁晓梅的知识产权。在接到投诉后，天猫公司分别于2019年3月12日、3月20日和4月2日三次委托浙江省知识产权研究与服务中心进行专利侵权鉴定，后者出具三份《专利侵权判定咨询报告》，结论均为专利侵权不成立。天猫公司遂未采取删除销售链接等措施。

2019年3月26日，丁晓梅以曳头公司、苏奥公司、天猫公司为被告，诉至南京市中级人民法院。2019年4月4日，丁晓梅向天猫公司提出《反申诉及诉讼说明》，认为曳头公司、苏奥公司制造和销售涉案的遮光U型蚊帐产品和升级U型蚊帐产品构成侵权，其已向法院提起侵害外观设计专利权诉讼，故天猫公司网购平台应当立即采取删除、屏蔽、断开链接、终止交易和服务等必要措施。2019年4月8日，天猫公司删除了被诉侵权产品在天猫网购平台的销售链接。

申请人曳头公司为该申请提供了相应的担保。

南京市中级人民法院审理认为：

首先，被申请人天猫公司对被申请人丁晓梅的投诉依规依法进行了处理。接到丁晓梅的投诉后，天猫公司一方面听取了投诉商家和被投诉商家的意见，另一方面又由其关联公司委托第三方对侵权行为能否成立进行评判，且评论意见认为被诉侵权行为不成立，故未对销售链接采取删除等措施。丁晓梅在提起本案诉讼后再次投诉，坚持认为天猫公司应当采取删除链接等必要措施。天猫公司遂采取了删除销售链接的措施。

其次，申请人曳头公司制造、销售被诉侵权产品构成侵权的可能性较小。根据当事人举证、质证及侵权比对的情况，并结合被申请人丁晓梅另一项“便携式婴幼儿折叠蚊帐”实用新型专利已被宣告无效等事实，法院初步认为构成专利侵权的可能性较小。

再次，不恢复销售链接可能给申请人曳头公司的生产经营造成难以弥补的损失。被诉侵权产品的销售很大程度上依赖于商誉和口碑的积累以及时机的把握，案涉产品销售具有较强的季节性，且构成侵权的可能性较小。若不及时恢复被删除的销售链接可能造成曳头公司及其被诉侵权产品所积累的商誉和口碑的持续削减和损失以及交易机会的丧失，给其生产经营造成难以弥补的损失。

最后，申请人曳头公司提供了相应的担保。曳头公司根据被诉侵权产品之前每月销售额的适当倍数乘以恢复链接后大概的销售月份计算出一个数额，据此提供了现金担保，并保证若被认定侵权成立其可能承担的赔偿责任能够得到实现。被申请人天猫公司亦承诺可以及时提供恢复链接后被诉侵权产品的所有销售记录，以供计算赔偿等使用。

综上，申请人曳头公司的申请符合法律规定。南京市中级人民法院依照《中华人民共和国民事诉讼法》第一百零六条第三项、第一百零七条的规定，于2019年6月14日作出(2019)苏01民初687号民事裁定：

浙江天猫网络有限公司立即恢复郑州曳头网络科技有限公司涉案被诉侵权产品“遮光U型蚊帐”和“升级U型蚊帐”在天猫网购平台上的销售链接。

该民事裁定作出后即生效，申请人和被申请人均未提出复议申请。

2019年10月20日，南京市中级人民法院就该案作出(2019)苏01民初687号民事判决：驳回原告丁晓梅的诉讼请求。其后，丁晓梅不服，提起上诉，后又申请撤回上诉。江苏省高级人民法院于2020年2月19日作出(2019)苏民终1822号民事裁定：准许丁晓梅撤回上诉。

案例报送单位：南京市中级人民法院
合议庭成员：徐　新、薛　荣、雒　强
报送人：徐　新
审稿人：左一凡

仲利国际租赁有限公司申请执行姑苏区小团圆饭店、姑苏区蒙莎咖啡厅等融资租赁合同纠纷案

（2022）参阅案例25号

【裁判摘要】

执行过程中，各方当事人可以自愿协商达成和解协议。对于无法适用破产程序，但经营状况良好的被执行人，人民法院在征得各方当事人同意后，可以对被执行人的经营活动进行执行监管。

执行监管期间，各方当事人可以参照破产管理人选任程序确定执行管理人，由其监督被执行人的经营活动，并以经营利润清偿债务，公平保护各方的合法权益。

【相关法条】

1.《中华人民共和国民事诉讼法》第二百三十七条第一款　在执行中，双方当事人自行和解达成协议的，执行员应当将协议内容记入笔录，由双方当事人签名或者盖章。

2.《最高人民法院关于执行和解若干问题的规定》第一条第一款　当事人可以自愿协商达成和解协议，依法变更生效法律文书确定的权利义务主体、履行标的、期限、地点和方式等内容。

3.《最高人民法院关于审理企业破产案件指定管理人的规定》第二十条　人民法院一般应当按照管理人名册所列名单采取轮候、抽签、摇号等随机方式公开指定管理人。

【点评】

人民法院在强制执行中，往往会面临如何平衡申请执行人和被执行人利益

的问题。特别是在疫情影响下,如何在法律框架范围内寻求各方当事人利益保护的均衡是一个难题。本案中,在案涉餐饮设备等被执行财产市场价值较低,直接执行无法充分实现债权人利益的情况下,引入执行管理人对被执行人的经营活动进行执行监管,使债权人可通过被执行人持续产生的经营收益得到更好的清偿效果。在保障债权人利益的同时帮助被执行人恢复持续"造血能力",避免案涉餐饮店因设备被强制执行而关门歇业。执行监管五个月后,扣除维持经营和支付管理人报酬所需,已产生利润15.4万元,是餐饮设备评估价格的两倍多。本案依托执行和解制度,借鉴破产理念方法,促成各方当事人达成通过执行监管方式清偿债务的合意,是立足于执破融合理念而创新的一种执行方法。特别是在"执转破"功能发挥失灵的情况下,执行监管能够最大程度的平衡债权人债权保护和被执行人经营保障之间的冲突,为小微企业、个体工商户等经营主体提供类似破产功能的保护,避免强制执行"误伤"被执行人利益,落实善意文明执行理念。

申请执行人:仲利国际租赁有限公司,住所地上海市遵义路100号虹桥上海城B栋2683-15单元。

被执行人:苏州卡法餐饮管理有限公司,住所地江苏省苏州市姑苏区景德路523号。

被执行人:姑苏区小团圆饭店,住所地江苏省苏州市姑苏区景德路523号E幢2F北。

被执行人:姑苏区蒙莎咖啡厅,住所地江苏省苏州市姑苏区景德路523号E幢2F南。

被执行人:胡强,男,52岁,汉族,住江苏省苏州市姑苏区。

被执行人:董佳耀,男,31岁,汉族,住江苏省苏州市姑苏区。

被执行人:姚晓艳,女,56岁,汉族,住江苏省苏州市姑苏区。

仲利国际租赁有限公司(以下简称仲利国际租赁公司)因与苏州卡法餐饮管理有限公司(以下简称卡法餐饮管理公司)、姑苏区小团圆饭店(以下简称小团圆饭店)、姑苏区蒙莎咖啡厅(以下简称蒙莎咖啡厅)等融资租赁合同纠纷案,诉至苏州工业园区人民法院。

仲利国际租赁公司诉称:我公司与卡法餐饮管理公司、小团圆饭店、蒙莎咖啡厅、胡强、董佳耀、姚晓艳签订《融资租赁合同》,约定我公司以融资租赁的形式向卡法餐饮管理公司租赁设备一批,卡法餐饮管理公司按期支付租金,小团圆饭店、蒙莎咖啡厅、胡强、董佳耀、姚晓艳作为保证人承担保证责任。但被告于合同履行中未按约支付租金,已构成违约,故诉至法院,请求判令:(1)卡法餐饮管理公司支付全部未付租金752720元及违约金75000元;(2)小团圆饭店、蒙莎咖啡厅、胡强、董佳耀、姚晓艳作为连带保证人对前述债务承担连带保证责任;(3)案件诉讼费由被告承担。

卡法餐饮管理公司、小团圆饭店、蒙莎咖啡厅、胡强、董佳耀、姚晓艳辩称:对仲利国际租赁公司诉请主张的事实予以认可,希望与其协商解决。

经苏州工业园区人民法院主持调解,各方当事人达成一致意见。苏州工业园区人民法院作出(2021)苏0591民初16017号民事调解书,明确小团圆饭店、蒙莎咖啡厅等须分期向仲利国际支付租金83.1万元。上述民事调解书生效后,因小团圆饭店、蒙莎咖啡厅等未能按期支付剩余租金,仲利国际租赁公司遂于2022年6月1日向苏州工业园区人民法院申请强制执行。

苏州工业园区人民法院经审查查明:

一、案涉主体情况

小团圆饭店、蒙莎咖啡厅均系个体工商户,经营者均系本案另一被执行人胡强。经现场调查后查明,饭店和咖啡厅均处于正常经营状态,雇佣员工有40余人,案涉融资租赁设备保存完好,均能够正常使用。此前因受疫情影响,无法正常营业,导致资金出现短期周转困难,无法按期偿还案涉债务。另查明,小团圆饭店、蒙莎咖啡厅信用资质较好,暂无其他作为被执行人案件。

二、案涉财产情况

为维护各方当事人合法权益,苏州工业园区人民法院在对小团圆饭店、蒙莎咖啡厅的餐饮设备和用品进行查封的同时,允许饭店和咖啡厅继续使用已查封的财产,但要求其不得实施处分行为。在对已查封的财产进行初步估价后发现,案涉餐饮设备、用品等市场价值较低、处置难度较大,若直接进行变价处置,所得价款与案涉债权差距较大,且会导致饭店和咖啡厅关门歇业,执行效果并不理想。此外,申请人仲利国际租赁公司也表示不愿意垫付评估费,并希望通过破产程序处理本案财产。但案涉饭店和咖啡厅均系个体工商户,根据企业破产法的相关规定,个体工商户不属于破产企业范围,无法适用破产程序。

苏州工业园区人民法院审查认为:

为维持被执行人正常经营、更好实现债权人胜诉权益,执行法官在征得各方当事人同意后,可以借鉴破产重整理念,促成各方当事人达成关于“执行监管”的合意,并使执行程序暂时终结。即经营主体作为被执行人的执行案件中,在各方当事人均同意的情况下,可以由人民法院对被执行人的经营活动进行执行监管。执行监管期间,原经营者可以继续经营,在预留足够经营成本后,将剩余经营利润全部用于清偿债务。

为了确保执行监管的有效实施,执行法官在征得各方当事人同意后,还可以参照破产管理人遴选程序选定执行管理人，协助人民法院对被执行人的经营活动进行监管。执行管理人的监管内容、审查权限、工作报酬及利润分配与支付方式等事项由当事人共同确认。

执行法院在促成执行监管，“移植”破产技术前，重点对以下问题进行了审查：(1)对被执行人适用执行监管的合法性；(2)对被执行人适用执行监管的必要性；(3)对被执行人适用执行监管的条件；(4)执行管理人的职权和报酬。

一、对被执行人适用执行监管的合法性

强制执行方式具有严格的法定性，执行法官必须依照法律规定的条件、程序和方式实施强制执行。因此，执行监管的法律性质，直接关系本案中法院对被执行人进行执行监管的合法性、正当性。

执行监管不是强制管理。根据《最高人民法院关于适用〈中华人民共和国民事诉讼法〉的解释》第四百九十条规定：“被执行人的财产无法拍卖或者变卖的，经申请执行人同意，且不损害其他债权人合法权益和社会公共利益的，人民法院可以将该项财产作价后交付申请执行人抵偿债务，或者交付申请执行人管理……”。可见，强制管理的对象应当是被执行人所有的具体财产，而本案中的执行监管对象则是被执行人的经营活动，经营活动显然不是被执行人的具体财产。此外，强制管理主要是通过管理获得租金等收益，本案中的执行监管则是通过监管经营活动保障利润的提取。前者管理行为创造收益，后者监管行为则仅确保利润能够得到顺利提取。因此，执行监管在适用对象、方式上与强制管理有着较大的区别。

执行监管实质上仍是执行和解。根据《最高人民法院关于执行和解若干问题的规定》第一条的规定，当事人可以自愿协商达成和解协议，依法变更生效法律文书确定的权利义务主体、履行标的、期限、地点和方式等内容。本案中，对案涉饭店和咖啡厅进行执行监管之前，执行法院先征询了各方当事人的意见。当事人在考虑案件情况及执行风险后，同意以执行监管的方式对债权的还款方式和期限进行调整。因此，执行监管仍是基于各方当事人的合意，实质上属于当事人的执行和解，只不过在履行方式、还款金额以及和解周期上较为灵活，需要根据被执行人经营状况具体确定。对案涉饭店和咖啡厅的执行监管均是依当事人的申请而发起，且执行监管的方式和内容也经各方当事人的同意，执行法院可以根据约定对被执行人进行执行监管。

二、对被执行人适用执行监管的必要性

执行监管只有在破产程序无法适用的情况下才可适用。本案中，案涉饭店和咖啡厅均是个体工商户，不具备法人资格，不属于企业破产法适用的范围。此外，案涉饭店和咖啡厅的日常经营严重依赖经营者的劳动技术、市场信誉和融资资质，饭店和咖啡厅与经营者之间也存在一定程度的财产和债务的混同。因此，案涉饭店和咖啡厅不仅无法通过适用企业破产法进行保护，而且因存在的一些特殊问题，也无法通过破产程序解决。本案中，借助破产技术对案涉饭店和咖啡厅实施执行监管，恰恰解决了该类经营主体无法得到破产保护的问题。

三、对被执行人适用执行监管的条件

如何判断被执行人是否具备适用执行监管的条件。人民法院应当对被执行人的经营状况经进行事前评估，认定其经营状况良好。主要包括以下三点：第一，财务制度健全。执行监管主要是对被执行人的财务进行监管，因此，实施执行监管的首要前提就是被执行人必须有完善的财务管理制度。第二，经营条件良好。主要包括订单稳定、员工齐备且未拖欠工资、未拖欠经营场地租金。第三，负债规模可控。被执行人负债情况直接关系被执行人是否具备持续的、稳定的生产经营条件，只有在负债规模不大的情况下才符合适用执行监管的条件。

本案中，案涉饭店和咖啡厅的财务制度相对健全，且财务管理中也使用了现代企业财务电子管理系统，方便执行管理人进行日常监管；日常客流量稳定，未拖欠员工工资、经营场地房租等，经营条件良好，具备恢复生产经营的条件，未来债务清偿能力也比较强；负债规模较低，债务结构类型也较为单一，执行监管期间，债务规模扩大的可能性较小。综上，执行法院认为案涉饭店和咖啡厅经营状况良好，基本满足了对受困被执行人挽救的客观要求，具备适用执行监管的条件。

四、执行管理人的职权和报酬

为保障执行监管的质量和效率，各方当事人可以通过聘请专业管理人对被执行人的经营活动进行监管，并通过协商的方式明确管理人的职权和报酬。根据被执行人经营情况和实际执行需要，执行管理人的职权主要包括以下几类：第一，查阅财务账簿。执行管理人可以对被执行人的财务账簿进行查阅，特别是对被执行人一定周期内的收益和支出状况的统计，对被执行人清偿债务能力、如实履行协议状况甚至是否实施规避执行的行为提供参考意见。第二，调查财产状况。执行管理人在接受委托后，可以对被执行人的财产状况进行调查，并制作详细的财产状况报告，执行法院根据财产状况报告，并且考虑被执行人实际经营需要，可以暂时对财产只进行“活查封”。第三，开设管理人银行账户。执行管理人在被执行人财务管理混乱，或被执行人实施了规避执行行为时，可以向执行法院提请开设管理人银行账户，且被执行人必须配合变更其主要银行账户。第四，审查开支情况。执行管理人有权对被执行人的支出合理性和必要性进行审查，发现被执行人有规避执行行为的，应当及时制止并向执行法官报告。

本案中，各方当事人在执行监管前对管理人的报酬进行了事前约定，包括具体计算标准和收取方式。各方当事人对执行管理人报酬的计算标准主要参照了《破产案件确定管理人报酬的规定》计算，并且根据具体管理情况进行酌情调整。但考虑执行管理人的监管工作毕竟远远低于破产管理人，因此，对其报酬的约定也是低于破产管理人的报酬。

综上，苏州工业园区人民法院于2022年8月22日作出(2022)苏0591执4373号执行裁定：

对苏州卡法餐饮管理有限公司、姑苏区小团圆饭店、姑苏区蒙莎咖啡厅的生产经营、债权债务进行执行监管和管理。

案例报送单位：苏州工业园区人民法院

合议庭成员：曹亚峰、王贤成、朱文峰

报送人：朱文峰

审稿人：缪　芳

北京百度网讯科技有限公司诉苏州闪速推网络科技有限公司不正当竞争纠纷案

【编者按】

“万词霸屏”系利用搜索引擎算法漏洞,以技术手段干扰、操纵自然搜索结果排名,实现推广页面“霸屏”效果。该行为在《反不正当竞争法》“互联网专条”类型化条款中无法找到适用依据,正当性判定亦缺乏有针对性的裁判路径引领。本案判决从受保护的法益、行为判断范式、价值取向衡量三个维度出发,引入技术进步、公共服务以及市场效率等综合性判断因素,首次认定以技术手段干扰、操纵搜索引擎自然排名结果的行为构成不正当竞争,明晰了“互联网专条”兜底条款的适用要件。本案入选2022年度中国法院十大知识产权案件。裁判文书说理清晰,层次分明,论证充分,入选第五届全国法院百篇优秀裁判文书。

江苏省苏州市中级人民法院
民事判决书

(2021)苏05民初1480号

原告:北京百度网讯科技有限公司,住所地北京市海淀区上地十街10号百度大厦2层。

法定代表人:梁志祥,经理。

委托诉讼代理人:陈明涛,北京市通商律师事务所律师。

委托诉讼代理人:郭洁,北京市通商律师事务所律师。

被告:苏州闪速推网络科技有限公司,住所地江苏省苏州市吴中区石湖西路188

号万达广场西楼15楼1501室和1502室。

法定代表人：袁安艮，执行董事兼总经理。

委托诉讼代理人：施春兰，江苏凡创律师事务所律师。

委托诉讼代理人：李萍，北京市京师（上海）律师事务所律师。

原告北京百度网讯科技有限公司（以下简称百度公司）与被告苏州闪速推网络科技有限公司（以下简称闪速推公司）不正当竞争纠纷一案，本案于2021年7月19日立案后，依法适用普通程序，于2021年9月13日、12月1日、12月9日、2022年1月19日四次进行听证，于2022年1月19日公开开庭进行审理。原告百度公司委托诉讼代理人陈明涛、郭洁，被告闪速推公司法定代表人袁安艮及委托诉讼代理人施春兰、李萍到庭参加诉讼。本案现已审理终结。

原告百度公司向本院提出诉讼请求，请求判令被告闪速推公司：（1）立即停止通过闪速推网站（网址××/）及其发布管理系统（网址 http://admin. hi123. shop/）向他人提供"万词霸屏"服务，即干扰百度公司搜索引擎收录和排序服务的行为；（2）赔偿原告经济损失及合理支出共计人民币1000万元；（3）在其运营的闪速推网站首页、《北京日报》、《法治日报》、《姑苏晚报》、《苏州日报》显著位置连续三十日刊登声明，消除影响；（4）承担本案全部诉讼费用。事实和理由：百度公司是中国互联网科技的领军企业，在搜索领域享有极高的知名度和美誉度。www. baidu. com网站是2000年1月由李彦宏在北京中关村创立，经过20多年的发展，百度搜索引擎已成为全球领先的中文搜索引擎，具有极高的知名度。百度搜索服务，特别是搜索结果收录和排序，是原告多年来技术、智力、人力和物力投入的结果，得到了网络用户的广泛信赖和认可。同时，为了更好地提供搜索服务，百度公司使用各种样态的技术、方式，排除恶意干扰，全力维护百度搜索生态，投入了大量管理成本。闪速推公司是闪速推网站（网址××/）的运营主体，是一家专门为他人提供"万词霸屏"服务的公司，同时运营有管理系统（网址 http://admin. hi123. shop/）。闪速推公司利用管理系统短时间内自动生成、发布大量关键词和推广网页，关键词几乎涵盖了行业内常用关键词，推广网页内容系闪速推公司伪原创拼凑产生，内容粗制滥造。闪速推公司利用"高权重网站"易于被百度搜索引擎收录和排序的特点，在此类网站的域名项下添加被服务对象的推广网页，但这些推广网页并不存在于"高权重网站"中，属于虚假网页。当普通网络用户基于对百度搜索的信任,使用行业常用关键词进行搜索时,这些推广网页大量占据搜索结果首页位置。此行为破坏了百度搜索引擎正常收录和排名秩序,制造了大量网络垃圾信息,影响了百度搜索用户体验,降低了用户对百度搜索的信任,造成了百度公司搜索引擎算法失准,为此承担了大量经济损失。闪速推公司的行为已经违反了诚实信用原则和公认的商业道德,破坏了正常的市场竞争秩序,构成不正当竞争。故诉至法院,请求判如所请。

被告闪速推公司答辩称:(1)闪速推公司的技术运营方式并未干扰和破坏百度搜索引擎收录和排序规则,也不构成虚假网页。闪速推公司只是发现并适用了百度的搜索引擎收录和排名规则的特点,借助"权重网站"的正规信息发布平台,给客户提供一个信息更容易收录的产品信息发布渠道。闪速推公司发布的信息并不存在"粗制滥造",只是如实发布产品信息,并无"伪"原创的行为和故意。(2)百度公司没有网页信息发布的审查权,如本案支持原告诉请,将为百度公司创设网页内容审查权,助长百度滥用市场支配地位形成更大的行业垄断。(3)闪速推公司不构成不正当竞争。首先,双方不存在竞争关系。闪速推公司与百度公司不存在经营业务范围、服务或消费对象的重合或交叉,也不存在相同的市场利益。如果针对百度所述的付费搜索服务的话,百度付费推广服务2019年营业份额大约为100亿元,闪速推公司2019年总营业收入为900万元,双方根本谈不上竞争关系。如果针对自然搜索排名,自然搜索本来就不需要支付费用,无须支付费用就不属于市场竞争行为,因此不应当列入反不正当竞争法所指的经营者的生产经营活动,或者说扰乱市场竞争秩序的范畴中。其次,闪速推公司并未违反反不正当竞争法规定的"公认的商业道德"。百度的算法不能构成"公认的商业道德"。任何算法都应关在"法律的笼子"里,不能以违反某个算法作为承担法律责任的依据。只要"权重网站"有开设二级子栏目的权利,"权重网站"利用二级子栏目与他方进行版面合作的商业模式合法,合作方发表的产品信息不违反国家的强制性法律规定,取得好的自然排名是基于遵循各大搜索引擎的收录和排序规则,那么闪速推公司的产品信息发布就应属于信息的正常流动,百度公司不能擅用反不正当竞争手段,给自己创设权利,从而限制信息共享。最后,闪速推公司并未扰乱市场竞争秩序,未损害其他经营者或者消费者的合法权益。综上所述,反不正当竞争法保护的是动态的市场竞争,是正常的市场秩序,而非静态的特定利益。作为规制市场竞争行为的法律，应当注重鼓励商业创新与维护市场公平、自由竞争的平衡，允许商业模式、经营方式以及竞争策略的创新与发展。且市场竞争本就有输有赢，特定经营者的利益受损并不能代表竞争行为具备可责性，必须从竞争行为本身出发，考量竞争行为是否扰乱了正常的市场秩序。本案闪速推公司的运营模式并没有违反互联网行业的商业惯例和商业道德，发布的信息合法合规；也没有任何证据表明闪速推公司有通过不正当的手段攫取他人可以合理预期获得的商业机会，扰乱了正常的市场秩序。因此，依照反不正当竞争法的立法精神和保护目的，闪速推公司的行为并不构成不正当竞争。请求驳回百度公司的全部诉讼请求。

当事人双方围绕诉讼请求依法提交了证据，本院组织当事人进行了证据交换和质证。对当事人真实性无异议的证据，本院予以确认并在卷佐证。对于双方提交的证据与本案的关联性及证明力问题，将在本院认为部分进行评述。

根据当事人陈述和经审查确认的证据，本院认定事实如下：

一、百度公司的相关情况

据工业和信息化部政务服务平台ICP/IP地址域名信息备案管理系统显示，www. baidu. com百度网站的主办单位为百度公司。经过多年发展，百度搜索引擎已成为全球知名的中文搜索引擎。为净化“搜索生态”，保障搜索安全与内容质量，百度公司推出了一系列的搜索算法。针对页面内容质量问题，包括站群问题、跨领域内容、恶劣采集问题等，百度公司于2017年7月4日推出了“飓风算法”；针对恶劣聚合页问题，包括跨领域问题、题文不符问题、静态搜索结果页等，百度公司于2020年2月推出了“劲风算法”；针对B2B领域低质问题，包括恶劣采集问题、发布软文问题、空短低质页面等，百度公司于2018年6月推出了“细雨算法”；针对目录交易问题，包括发布软文问题、售卖目录问题等，百度公司于2016年11月推出了“蓝天算法”，触发“蓝天算法”问题的站点将被降低其在百度搜索系统中的评价。百度公司对搜索算法进行持续性地更新迭代，并根据实际情况不断研发推出新的算法。

二、闪速推公司的相关情况

据工业和信息化部政务服务平台ICP/IP地址域名信息备案管理系统显示，××/网站的主办单位为闪速推公司。联合信任时间戳服务中心、北京联合信任技术服务有限公司签发的编号为TSA-01-2021031010255443 5G50CQo可信时间戳认证证书显示，http://admin. hi123. shop/为闪速推公司的后台管理系统。

编号 TSA－01－20210310092043233365A2n7 可信时间戳认证证书显示闪速推公司对其闪速推系统进行宣传推介。其宣称能霸占百度搜索关键词结果首页名为“万词霸屏”的服务，并明确表示“3—7 天关键词快速排名百度首页”“实现上万关键词排名百度首页”“不管 PC 端还是手机端，360 度全方位百度首页关键词排名覆盖”等，并展示有大量占据百度搜索结果首页的案例。

编号 TSA－01－20210310102554435G50CQo 可信时间戳认证证书显示，闪速推公司管理系统 http://admin. hi123. shop/具有设置关键词、文章段落、图片，查看发布的文章，以及实时监控其发布的网页在百度搜索结果中的排名趋势、访问量等功能。

三、百度公司指控闪速推公司实施不正当竞争行为的情况

百度公司指控闪速推公司实施的不正当竞争行为是：闪速推公司通过“伪原创”、采集、拼接内容等方式，制造“垃圾页面”，使用技术手段，将“垃圾页面”植入第三方网站中，生成“虚假页面”，并将虚假页面与搜索关键词相关联，以达到用户触发搜索关键词，即产生虚假页面占据搜索结果首页一条甚至几条搜索结果内容的效果。百度公司认为上述行为严重干扰百度公司提供经营及服务，破坏搜索生态，且是对其他合法、合规网站经营者正当利益的破坏，构成不正当竞争。

编号 TSA－01－20210310102554435G50CQo 可信时间戳认证证书显示，闪速推公司提供的《【闪速推】服务协议》具有如下内容：“1. 闪速推公司（乙方）帮（甲方）在合作的媒体网站进行信息关键词发布，促进百度和手机引擎的收录。2. 乙方不保证甲方指定关键词的排名，乙方保证的是甲方关键词的数量不低于 1000 个。如合作方到期未续费，乙方有权与其他同行合作。3. 合作期间最低确保 1000—50000 个关键词以上在 PC 百度和手机百度首页排名。如果少于 1000 个关键词每天，则乙方承诺延期补偿服务时间。4. 若媒体有所变动以实际发布媒体为准，乙方会第一时间通知甲方根据实际媒体作出相应调整。5. 乙方充分运用自身媒体优势，及时捕捉行业焦点，将甲方的企业实力、公司形象、产品宣传等内容进行潜移默化的渗透。同时利用乙方的网络资源详细介绍企业、产品，全面提升甲方的公司形象。6. 乙方利用云技术优势为甲方做搜索引擎的优化推广工作，使之在各搜索引擎收录排名。”

编号 TSA－01－20210311214632952u63daN、TSA－01－20210311213094654595yV39 可信时间戳认证证书显示，闪速推公司客服与原告的取证人员在进行微信沟通过程

中，其对在“高权重网站”上生成被服务对象的推广网页有如下表述：“不用你们写，我们客服会找你们同行文章”“你提供的行业关键词”“合作期间最低保证一千词，正常都是几千、几万、几十万关键词在首页的”“借助于高权重平台做上去的”“不需要配合什么的”“你按那表格填写你行业关键词，然后我们系统会自动组合关键词”“主词，地区加主词，词头加主词，主词加词尾，地区加主词加词尾，词头加主词加词尾，地区加词头加主词加词尾这样组合推送到百度首页”“3—7天（见效果）”“我们找文章，图片你们提供也可以”“推送到不同平台上面”“页面不是设计，是你提供图片，不提供你看哪家网站轮播图好看，我们就把他扒下来放在我们模板站上”“这个是模板站，你们提供图片，我们上传，文章你们要提供也可以，不提供我们就找你们同行文章，把人家公司名称去了”“权重高，肯定收录好，肯定在首页的”“我们这边是满150个字为一个段落，然后他进行一个发布”“就是说一段一段的……满150个字为段落的，那个100个段落，然后系统它会自动组合发布出去”等。当被问及“你们发布的内容是伪原创的吗”时，闪速推公司的工作人员答复：“是的。”闪速推公司工作人员在微信聊天中发送了各个合作平台的权重文件。据该文件显示，闪速推公司的合作平台有52家，其中部分为独家合作平台，对于每个平台的权重都进行了标注，权重从2—9不等。2021年2月23日，百度公司在闪速推公司购买了“山东浪淘信息科技有限公司”（以下简称山东浪淘公司）为期3个月的“万词霸屏”服务，并根据闪速推公司客服的指引，提供了所需的关键词、图片等资料。

编号TSA－01－20210310111709202293JK1可信时间戳认证证书显示，2021年3月10日，PC端百度搜索关键词“薪资统计软件公司”，搜索结果首页第3位出现闪速推公司发布的位于cnhvacr.com域名下，标题为“日照薪资统计软件公司_山东浪淘信息科技有限公司”网页链接；第5位出现闪速推公司发布的位于bbs.0156K.com域名下，标题为“青岛薪酬统计软件公司－山东浪淘信息科技有限公司”的网页链接；第7位出现闪速推公司发布的位于www.××.com域名下，标题为“日照薪资统计软件公司_山东浪淘信息科技有限公司－××新闻网”的网页链接。同时，根据闪速推公司的后台管理系统显示，截至2021年3月8日，闪速推公司发布的相关网页链接出现在PC端百度搜索共计1237个关键词的结果首页，且网页内容均为闪速推公司发布系统中预先设置的文字和图片。经查询www.cnhvacr.com网站的ICP备案主体为淄博威铭软件科技有限公司,www. bbs. 0156K. com网站备案主体为××传媒科技有限公司,www. ××. com网站为××新闻网,ICP备案主体为××。在上述网站中通过输入关键词进行站内搜索均无法搜索到闪速推公司发布的上述相关网页。

编号TSA-01-20210310225635995 9T9cD7可信时间戳认证证书显示,2021年3月10日,手机端百度搜索关键词"薪酬统计软件公司",搜索结果首页第1位出现闪速推公司发布的标题为"青岛薪酬统计软件公司-山东浪淘信息科技有限公司-××网"的网页,搜索结果首页第3位、第5位、第8位、第10位均是闪速推公司发布的山东浪淘公司的相关网页。同时,根据闪速推公司的后台管理系统中山东浪淘公司的关键词报表可见,截至2021年3月8日,闪速推公司发布的相关网页链接出现在百度搜索手机端1294个关键词的结果首页,搜狗搜索(PC端和手机端)的关键词排名为0,360搜索(PC端和手机端)的关键词排名为0,头条的关键词排名为0。其中,手机端百度搜索关键词"薪酬统计软件公司",搜索结果首页第1、3、4、8、10位出现闪速推公司在其他网站域名下发布的关于山东浪淘公司的相关网页,网页内容均为闪速推公司发布系统中预先设置的文字和图片。

编号TSA-01-20210412224812501q2wRk4可信时间戳认证证书显示,2021年4月12日,PC端百度搜索关键词"信息技术开发招商",搜索结果首页第2位出现闪速推公司发布的在××域名下,标题为"聊城信息技术开发招商技术服务_浪淘信息科技"的网页链接。经查询网站××由武汉得意生活科技股份有限公司运营,无法从该网站中访问到闪速推公司发布的相关网页。同时,根据闪速推公司的后台管理系统中山东浪淘公司的关键词报表情况可见,截至2021年3月23日,闪速推公司发布的相关网页链接出现在百度搜索PC端8735个关键词的结果首页,百度搜索手机端8176个关键词的结果首页,搜狗搜索(PC端和手机端)的关键词排名为0,360搜索(PC端和手机端)的关键词排名为0,头条的关键词排名为0。其中,在百度搜索PC端输入关键词"信息技术开发招商",搜索结果首页第1、3、5、6、7、8、9位出现闪速推公司在其他网站域名下发布的关于山东浪淘公司的相关网页,网页内容均为闪速推公司发布系统中预先设置的文字和图片。

闪速推公司陈述,其为客户发送的推广页面,可能会选择不同的版本,文章内容也可能会有不同的排列顺序,但是页面的内容大体是相同的。与其签约的客户每天最多可以发布50篇推广文章，基于搜索引擎模糊检索的特性，发出去的文章经过百度检索后会产生多个关键词的组合收录在百度搜索结果里，因此发布的一条信息可能会产生多个排名。同时，基于各个搜索引擎的排名规则不一样，闪速推公司发出的同一条信息在百度、360、搜狗等搜索引擎中的排名不完全一样，是否收录也不一定相同。百度公司对此解释称，各搜索引擎对于“权重网站”的评级算法不一样，百度公司之所以在搜索引擎领域做得好，主要就是百度算法对“高权重网站”的识别能力强。

庭审中，百度公司陈述百度公司的蓝天算法、细雨算法等算法主要是通过对网站的内容进行综合比较、判断，通过对网站主要内容的类型、风格、涉及的领域等维度与站点子目录下的内容进行比对，识别其中可能存在的作弊问题，并对判定为低质内容、作弊行为进行处理。相关算法会根据当下作弊行为、作弊类型、作弊热点的变化而不断更新，有所侧重。仅2021年下半年，为打击售卖目录这一作弊行为，百度搜索已采取了一系列行动。2021年6月，百度公司更新售卖目录算法，识别作弊页面5500万个；2021年8月，百度公司继续提升召回，识别作弊页面9300万个；2021年11月，百度公司针对B2B类页面进行专项覆盖，识别作弊页面7800万个。

百度公司称，之所以百度反作弊算法无法彻底解决像本案这样的行为，是基于算法并非万能，有其局限性。通过算法去打击作弊行为，实质上是在损害搜索生态的行为发生后，从搜索策略角度为弥补损失所采取的补救措施。基于黑灰产分子会与百度搜索做技术对抗、策略防守，不断通过各种技术手段、策略手段去突破百度搜索的防线，原本可以发挥作用的算法，在被突破后，就无法生效，需要更新算法。同时，算法无法像人一样针对各类情况进行灵活应对，如果算法设定向严，会导致用户无法获取真正有价值的内容，如果算法设定向松，则无法发挥应有的作用。

四、闪速推公司主张不构成不正当竞争的事实

本案庭审中，闪速推公司对其租赁“高权重网站”二级目录为客户进行广告发布提升百度排名的事实表示认可，同时坚持认为闪速推公司的技术运营方式遵循和适应了百度搜索引擎收录和排名规则。其通过与第三方“高权重网站”签订合作协议，由第三方“高权重网站”为其开通信息二级目录服务，其在二级目录项下开展广告业务，发布的相关网页非虚假网页，属于合法行为，并未干扰和破坏百度搜索引

擎收录和排序规则。闪速推公司陈述其“高权重网站”名录是根据第三方检测工具,诸如站长之家、爱站这些平台检测出来的网站权重进行的梳理,这些第三方检测工具做的检测业内比较认可,权重就代表了网站的质量,权重分为0—9分,分数越高,权重越高,网站质量越好。与闪速推公司合作的网站包括四类:一类是B2B平台;一类是行业网站;一类是地方论坛;一类是地方新闻网站。闪速推公司陈述,其在最多的时候有五六十家合作平台,最少的时候十几家,平均维持在四五十家。为此,闪速推公司提交了其与18家合作方签订的合作协议。

据闪速推公司提交的合作协议显示,协议中均明确约定了甲方为闪速推公司开通目标网站信息二级目录服务,包含电脑PC端和手机移动端,甲方在合作期间,不能用任何方式屏蔽合作栏目的搜索引擎蜘蛛抓取,屏蔽方式包含但不限于robots. txt文本、robotsmeta标签,在合作期间闪速推公司发现不收录,或者收录没有排名等,闪速推公司有权要求更换目录路径,甲方要积极配合,如果甲方平台降权或者没有排名可以顺延弥补相应时间。如甲方提供的二级目录,被搜索引擎百度、360、搜狗降权,不参与排名,乙方单方提前终止合同的,乙方不再支付余下未支付的合同款项。

上述18份合作协议中,部分与闪速推公司签订合作协议的主体并非协议中所涉网站的ICP备案主体。如××新闻网的ICP备案主体为××,但协议的签约主体为××科技有限公司;××新闻网的ICP备案主体为××,但协议的签约主体为××科技有限公司。

此外,闪速推公司认为百度公司没有网页信息内容发布的审查权,若创设百度公司网页内容审查权,将助长百度公司滥用市场支配地位形成更大的行业垄断。

五、关于损害赔偿的相关事实

闪速推公司陈述其从2017年6月以后开始从事涉案业务,其在公司网站上宣称拥有13年互联网从业经验,1000多家大型平台合作商家,1000多家代理商,8万家企业客户的选择。闪速推公司陈述网站上的宣传均系其对公司未来发展方向的愿景,其实际上拥有8559个终端用户,目前正在服务的客户有5539家,在全国有1121家代理商,涉案业务约占到其公司全部业务的65%,其与代理商之间是按单结算,每单在200元至600元不等。闪速推公司提交了其公司自2017年至2021年的财务报表。据财务报表显示,闪速推公司2017年净利润为86854.68元,2018年净利润为646546.56元,2019年净利润为448377.50元,2020年净利润为2264223.61

元,2021 年净利润为 415744.68 元,五年净利润合计为 3861747.03 元。百度公司认可闪速推公司的五年净利润数额。

百度公司主张按照闪速推公司的获利计算本案的损害赔偿,包括直接获利和间接获利。直接获利按照闪速推公司官网宣称的客户数量 8 万家,每一单业务按照最小值 3000 元/单,计算得出闪速推公司的直接获利为 2.4 亿元(计算公式为:8 万家×3000 元/家)。间接获利按照闪速推公司官网所称的代理商 1000 家,每家代理商就每单业务向闪速推公司支付费用 600 元,则闪速推公司的间接获利为 60 万元。因此,闪速推公司的总营业收入为 2.4 亿元加上 60 万元。百度公司主张按照 20% 的利润率计算闪速推公司的获利。

另外,百度公司主张其为本案诉讼支出律师费 5 万元,取证费 3000 元。

结合当事人诉辩主张及当庭陈述,本案双方争议焦点为:(1)百度公司指控闪速推公司涉案行为构成不正当竞争能否成立;(2)如构成不正当竞争,相应的民事责任如何承担。

关于争议焦点一,百度公司指控闪速推公司涉案行为构成不正当竞争能否成立。根据《中华人民共和国反不正当竞争法》第二条第一款、第二款规定“经营者在生产经营活动中,应当遵循自愿、平等、公平、诚信的原则,遵守法律和商业道德。本法所称的不正当竞争行为,是指经营者在生产经营活动中,违反本法规定,扰乱市场竞争秩序,损害其他经营者或者消费者的合法权益的行为”和第十二条第二款第四项“经营者不得利用技术手段,通过影响用户选择或者其他方式,实施下列妨碍、破坏其他经营者合法提供的网络产品或者服务正常运行的行为:……(四)其他妨碍、破坏其他经营者合法提供的网络产品或者服务正常运行的行为”的规定可知,经营者利用网络从事生产经营活动,应当遵守诚实信用原则和商业道德,不得扰乱正常的市场竞争秩序。网络空间是亿万民众共同的精神家园,维护互联网的良好秩序是广大民众的共同心声。搜索引擎作为互联网技术发展到一定阶段的产物,已经成为网民获取信息服务的必备工具之一。网络经营者利用搜索引擎从事经营活动,应当遵守诚实信用原则和公认的商业道德,坚持社会主义核心价值观,不得损害国家利益、公共利益以及公民、法人和其他组织的合法权益。尤其是当网络经营者的经营活动必须要依附搜索引擎而存在时,更应该遵循搜索引擎行业已有的商业惯例,不干扰互联网信息搜索服务提供者提供正常的搜索服务。对于以技术中立名义,利用搜索引擎算法漏洞进行“万词霸屏”的行为,应从维护搜索生态和互联网秩序，保障网络用户合法权益等角度进行评判，着力推动互联网在法治轨道上健康运行，营造风清气正的网络空间，确保社会主义核心价值观“不掉线”。

具体而言，评判闪速推公司的行为是否构成不正当竞争，应从竞争关系、利用网络技术手段实施、违背其他经营者意愿并导致其他合法提供的网络产品或服务无法正常运行、有悖诚实信用原则和商业道德、扰乱市场竞争秩序并损害消费者的合法权益、缺乏合理理由等构成要件进行认定。结合本案案情，本院分析如下：

一、被告闪速推公司与原告百度公司存在竞争关系

第一，从所属行业来看，原告百度公司是百度网站的主办单位，百度搜索引擎为全球知名的中文搜索引擎。被告闪速推公司是闪速推网站的运营主体，是一家为他人提供“万词霸屏”服务的公司。两者均从事互联网行业。第二，从使用技术来看，被告闪速推公司通过租赁“高权重网站”二级目录创建推广网页的方式提供“万词霸屏”排名服务的行为，直接影响了相关关键词在百度搜索引擎的排名位置。第三，从客户对象来看，被告闪速推公司网站宣传中，明确针对原告百度公司提供的百度搜索为服务对象。包括以“霸占百度首页，排名更加稳定持久，关键词精准流量，打开网页转化率高”“百度关键词排名打开时以官网形式展现大大提升用户的体验度”等宣传语，并以百度公司运营的百度搜索 logo 为其网站示范案例。同时，闪速推公司与用户签订的服务合同中，合同条款有明显约定“合作期间最低确保 1000—50000 个关键词以上在 PC 百度和手机百度首页排名”“乙方利用云技术优势为甲方做搜索引擎的优化推广工作，使之在各搜索引擎收录排名”。第四，从互联网竞争特性来看，互联网竞争具有鲜明的流量竞争的特性，认定不正当竞争行为并不局限于经营者之间存在直接的竞争关系或处于同一行业，而应聚焦于“竞争性利益”的保护。本案中，闪速推公司推出的“万词霸屏”排名技术依附于百度搜索引擎而生存于搜索引擎生态圈中，其对百度公司的用户群体和交易机会具有天然的争夺性。据此，本院认为闪速推公司与百度公司存在竞争关系。

二、被告闪速推公司利用网络技术手段及其他手段实施涉案行为

互联网不正当竞争本质上是利用技术手段或其他手段妨碍、破坏其他经营者合法提供的网络产品或者服务的正常运行的行为。本案中，被告闪速推公司利用网络技术手段及其他手段实施涉案行为主要表

现在以下三个方面:一是实施租赁“高权重网站”二级目录的行为。互联网经济是流量经济,“高权重网站”意味着流量大,具有容易被百度等搜索引擎收录和排序,且排序更可能靠前的特点。被告闪速推公司通过合作协议租赁 B2B 平台、行业网站、地方论坛、地方新闻网站等“高权重网站”的二级目录,数量达几十家之多。与闪速推公司签约的部分主体甚至不是“高权重网站”的 ICP 备案主体,如部分地方新闻网站。二是通过技术手段生成大量关键词和非人工编写的网页内容。在案证据显示,被告闪速推公司为客户生成的相关网页,网页的内容可以不用客户提供,闪速推公司会根据客户的情况扒取同行业文章通过其管理系统短时间内生成大量关键词和非人工编写的文章。三是被告闪速推公司将相关页面发布到“高权重网站”二级目录。这些网页无法在“高权重网站”被用户直接搜索到,但却可以被百度爬虫抓取到,并使相关页面与搜索关键词关联,以达到用户触发搜索关键词,即产生相关页面占据搜索结果首页一条甚至几条搜索结果内容的效果。

三、被告闪速推公司的行为违背原告百度公司的意愿并导致原告百度公司的网络产品或服务无法正常运行

第一,被告闪速推公司的行为严重违背了原告百度公司的意愿。搜索引擎是用户查询目标信息的方法之一,当用户输入查询关键词时,搜索引擎返回相关结果。返回结果的相关性越高,用户使用该搜索引擎的频次就越频繁、产生的信赖利益也就越高。因此对搜索引擎来说,返回高质量、高相关度搜索结果,对塑造、维护健康有序的搜索生态至关重要。

本案中,原告百度公司提供的百度搜索服务,特别是搜索结果排序,通过百度公司投入巨大的研发资源,综合参考网站的质量、网站的浏览量、网站拥有的友链数量、网站内容是否属于专一领域等因素,建立了一套复杂的动态算法,并不断自检产品算法、技术迭代,对其进行优化升级。同时,百度公司还配备了海量的服务器资源,为策略模型提供硬件支持。通过持续不断的投入大量人力及物力,百度搜索已能基本实现搜索结果展现的方式与用户个性化需求的匹配,百度公司对其运营的搜索引擎生态中排序结果的真实、可靠性承担责任,这属于百度公司商业运营的基础。正是这些投入,使原告百度公司的搜索引擎能够满足广大用户每日海量的检索需求。同时,百度公司对搜索引擎生态中数据的衍生商业价值,亦具有合法正当的商业利益。因此,原告百度公司具有受竞争法保护的合法利益。被告闪速推公司推出的

"万词霸屏"排名技术使原告百度公司受竞争法保护的合法利益受到损害,严重违背原告百度公司的意愿。

第二,被告闪速推公司的行为导致原告百度公司的网络产品或服务无法正常运行。具体而言,被告闪速推公司给百度公司造成了三方面的损害:

一是破坏了原告百度公司百度搜索引擎正常收录和排名秩序,造成了百度搜索引擎算法失准。原告百度公司运营的百度搜索引擎,为用户提供搜索引擎服务。对于搜索引擎而言,返回高相关性、高质量的查询结果是搜索引擎的首要和重要目标,而网站排序策略是搜索引擎的核心技术。搜索排序是由一整套经过反复训练的策略模型自动运转并生成,这其中有大批量的模型都会使用网站权威性、网站页面质量作为信号特征,一旦出现虚假、欺骗行为,会使整个排序模型算法链条数据产生偏离,从而影响相关关键词下的检索结果,导致百度搜索无法为用户提供正常的检索服务。被告闪速推公司的行为,实质上是利用了百度搜索对第三方"高权重网站"的信任,在第三方"高权重网站"上制作生成与网站自身无关且非人工编写的网页,从而利用搜索引擎算法模型的漏洞,使本不应该出现在搜索结果排序前列的内容,突破正常算法顺序,升至搜索前列。据在案证据显示,闪速推公司提供的"排名服务"在一周多时间,实现了对百度搜索手机端、电脑端的搜索结果干扰,PC 端生成 1237 个搜索关键词,并达到 1237 个搜索关键词触发即霸占(一个关键词触发多个相同搜索结果)百度搜索结果首页的效果;移动端生成 1294 个搜索关键词,并达到 1294 个搜索关键词触发即霸占百度搜索结果首页的效果。这种行为不仅改变了百度搜索本应有的排序结果,还会严重影响后续模型的训练和迭代,造成恶性循环。

二是造成百度公司的机器性能和服务器资源的浪费。闪速推公司的行为,会干扰网站权威性和网站页面质量,会在正常计算中掺入大量无效计算,从而导致数据计算规模的增加,耗时增长,影响计算速度,加重机器计算成本,亦可能导致机器性能降低和浪费,拖累降低了下游各模块的数据计算和产出效果,从而影响搜索结果的正常展现。并且上述资源的运转会消耗百度服务器资源。同时,百度公司需要额外花费研发资源去识别、排除其中的干扰行为,从而导致更多本应用于正常研发的资源被浪费。为净化"搜索生态",针对搜索内容质量的提高,百度公司推出"飓风算法""劲风算法";针对与第三方网站无关的垃圾页面植入,百度公司推出"蓝天算法”。仅2021年下半年,百度公司为打击售卖租赁目录行为,更新目录算法、提升召回、开展针对B2B类页面专项覆盖行动,识别相关作弊页面超过2亿个。

三是影响百度搜索用户体验,降低用户对百度搜索的信任。闪速推公司的行为干扰了自然搜索结果排名,每次被干扰过的搜索结果呈现给用户时,均会影响用户对百度搜索的体验,从而降低用户对于百度搜索的信任,伤害百度搜索的商誉。而当网络用户无论换何种关键词,都无法获得符合其预期的搜索结果,用户使用百度搜索的权益无法获得救济时,其极有可能放弃百度搜索,改换其他搜索引擎。

四、被告闪速推公司的行为有悖诚实信用原则和商业道德

第一,被告闪速推公司的行为违背诚实信用原则。具体而言表现为以下四个方面:一是被告闪速推公司为客户生成的相关网页,网页的内容可以不用客户提供,客户只需要提供有关的关键词和图片等信息,网页的内容,闪速推公司会根据客户的情况从网上扒取相同行业网站的内容并通过技术手段短时间内形成大量非人工编写的文章。二是被告闪速推公司将相关网页植入第三方“高权重网站”,而相关网页的内容与第三方“高权重网站”ICP备案主体并无关联。三是与闪速推公司签约的部分主体并非“高权重网站”的ICP备案主体。四是被告闪速推公司通过技术手段形成成千上万的关键词,并将相关页面与搜索关键词相关联,以达到用户触发搜索关键词,即产生相关页面占据搜索结果首页一条甚至几条搜索结果内容的效果。这种“万词霸屏”关联行为利用了百度公司算法的漏洞。

第二,被告闪速推公司的行为违背行业公认的商业道德。互联网经济是注意力经济。对于互联网用户来说,其输入关键词进行搜索时,最关心的是搜索结果排序前几页的搜索结果展示;对于网站运营者来说,在搜索结果排序中占据高位就意味着能够被更多的互联网用户了解、知晓,表面上看起来是更多点击量,实质是网站知名度的体现。故而,搜索引擎排序结果与网站知名度直接关联,网站运营者想要获得更多的知名度,自然希望其搜索结果在排序中占据高位。搜索行业商业惯例是可以通过优化网站结构、网页代码和内容来提高网站质量,提升其在“自然搜索”结果中的排名。然而,被告闪速推公司并没有采用行业的商业惯例来帮助其客户提升搜索排名,而是通过在“高权重网站”的二级目录植入相关网页进行“万词霸屏”提升搜索排序。其行为显然是对行业公认商业道德的挑战。

五、被告闪速推公司的行为扰乱市场竞争秩序并损害消费者的合法权益

第一,被告闪速推公司的行为是在非法损害他人正当经营的基础上,为自身谋取不当利益,并扰乱市场竞争秩序的行为。具体而言,表现为以下三个方面:一是影响了其他经营者利用网络开展搜索排序的秩序。被告闪速推公司作为市场竞争者,其在主观上知道或应当知道网络排序的规则和算法,其通过在“高权重网站”植入相关网页进行“万词霸屏”排序服务的行为,将其他通过提高网站质量、网站内容苦心经营自身网站的合法经营者挤压至搜索排序后位,影响了其他合法经营者本应获得的流量和收益,破坏了公平竞争的市场秩序。二是影响了“高权重网站”自然排名秩序。被告闪速推公司推出的在“高权重网站”植入相关网页进行“万词霸屏”排序服务行为,若该行为被百度公司“蓝天算法”等技术捕捉到,可能会降低该网站在百度搜索系统中的评价;反之,若该行为成功躲过百度公司“蓝天算法”等技术,该网站因其靠前的排序被网络用户关注点击到,从而导致该网站在百度搜索系统中的评价过高。长此以往,会影响“高权重网站”正常的自然排序秩序。三是影响了互联网信息服务管理秩序。根据《互联网信息服务管理办法》的规定,互联网信息服务提供者应当按照经许可或者备案的项目提供服务,不得超出经许可或者备案的项目提供服务。非经营性互联网信息服务提供者不得从事有偿服务。被告闪速推公司租赁“高权重网站”二级目录制作和推广网页的行为,造成“高权重网站”超出了许可或者备案的项目提供互联网信息服务,尤其是个别非经营性的网站还涉嫌从事了有偿服务。该行为严重损害了互联网信息服务管理秩序。

第二,被告闪速推公司损害了消费者(网络用户)的合法权益。具体而言,表现为以下三个方面:一是增加了消费者信息获取成本。被告闪速推公司的行为极大地干扰了用户的正常检索行为,使网络用户无从辨别哪些是最相关的结果,无法轻易获得本应呈现在排序前列的自然搜索结果,从而被迫阅读了大量广告推广信息,增加了不必要的搜索成本,损害了消费者的利益。二是影响了消费者用户体验。由于用户在搜索结果排名中处于严重的信息不对称地位,很容易被人工干扰的自然排名结果欺骗和误导,误以为排名靠前的搜索结果是相关性和影响力最大的产品和服务提供商,从而上当受骗。三是侵犯了消费者的知情权。被告闪速推公司的行为实质上是以自然排名之表行竞价排名之实,而被告闪速推公司“万词霸屏”行为推送出

来的信息却未标注“商业广告”等字样，从而误导消费者，严重侵犯了消费者的知情权。

六、被告闪速推公司的行为缺乏合理理由

市场经济条件下，竞争与损害相伴而生。竞争利益受损并不必然构成不正当竞争。当且仅当竞争行为违反诚实信用原则和商业道德，扰乱市场竞争秩序，损害消费者合法权益，并缺乏合理理由时，才构成不正当竞争。本案中，被告闪速推公司的行为缺乏合理理由。具体而言表现为以下两个方面：一是被告闪速推公司的行为是商业行为，而非公益行为。其租赁“高权重网站”二级目录创设网页进行“万词霸屏”排名的行为，是为商业谋利，而不是为了保护社会公益或增进消费者福祉。在案证据显示，被告闪速推公司通过涉案行为持续获取了利润。二是被告闪速推公司的行为是扰乱行为，而非创新行为。其租赁“高权重网站”二级目录创设网页进行“万词霸屏”排名的行为，利用的是百度算法的漏洞，而非创设新的有利于消费者的算法或技术。同时，其在二级目录创设网页的行为并未遵守诚实信用的原则，而是将同类合法经营者相关的劳动成果窃取过来。此外，“万词霸屏”排名的行为影响了搜索引擎正常排名行为，对其他经营者、消费者和市场秩序都产生了消极效果。

综上，闪速推公司涉案行为实质是以技术中立为由罔顾价值观引领，扰乱了健康有序的搜索生态，破坏风清气正网络空间的行为。闪速推公司根据与其签约的客户的需求，通过技术手段生成大量非人工编写的网页，并将上述网页内容增加至租赁的第三方“高权重网站”中，利用百度搜索引擎收录和排序规则的漏洞，使网络用户触发搜索关键词时，百度搜索结果首页出现一条或多条包含相关网页的搜索结果。其行为违反诚信原则和公认的商业道德，对百度公司、网络用户、其他互联网经营者以及竞争秩序都造成了损害，且缺乏合理理由，具有不正当性，应受到反不正当竞争法的规制。

关于争议焦点二，闪速推公司的涉案行为构成不正当竞争，应承担停止不正当竞争行为、消除影响和赔偿损失的民事责任。

关于停止侵权，本院认为，闪速推公司的行为具有不正当性，应立即停止通过闪速推网站（网址××/）及其发布管理系统（网址 http://admin. hi123. shop/）向他人提供“万词霸屏”服务，即干扰百度公司搜索引擎收录和排序服务的行为。

关于消除影响，本院认为闪速推公司的涉案行为会导致相关公众对百度公司搜索引擎的搜索结果排名可信度产生负面评价,有损百度公司的商誉,因此有必要判令闪速推公司承担消除影响的法律责任。考虑消除影响的范围与本案被诉行为所产生的不良影响范围的相当性,闪速推公司应在其公司官网刊登声明,消除其不正当竞争行为产生的不良影响。

关于赔偿损失,本案中,百度公司主张以闪速推公司的侵权获利来计算损害赔偿。百度公司主张闪速推公司的侵权获利包括直接获利和间接获利,其中直接获利为闪速推公司对外宣称的客户数乘以每一单业务的最小金额乘以20%的利润率,间接获利为闪速推公司对外宣称的代理商数量乘以每笔业务代理商支付的提成。闪速推公司对于百度公司上述推算方法不予认可,认为没有事实依据,并提交了其公司自成立以来的财务报表以证明其公司经营状况。百度公司对于闪速推公司提交的财务报表真实性予以认可,确认闪速推公司自2017年至2021年五年净利润为3861747.03元。本院认为,虽然百度公司提供的计算公式具有一定合理性,但是基于计算公式中各个因数无法直接确定,且闪速推公司已经提交了财务报表,百度公司对闪速推公司五年的净利润金额也予以认可。在此情况下,可根据闪速推公司的净利润情况计算本案损害赔偿额,无须再按照百度公司提供的计算公式进行推算。根据闪速推公司官网上对其公司业务的介绍,涉案业务是闪速推公司的核心业务,但并非唯一业务。因此,在计算损害赔偿额时需将闪速推公司经营其他业务所获利益予以扣除。闪速推公司自述涉案业务占到其全部业务的65%左右,但是并未提交各项业务占比的证据,故本案无法确定涉案业务占闪速推公司整体业务比例的真实数据。本院综合考虑闪速推公司开展涉案业务的时间,涉案业务在闪速推公司整体业务中的份额,涉案业务对闪速推公司其他业务的带动作用以及闪速推公司的整体利润等因素,在本案中酌情确定闪速推公司因实施涉案行为所获的利益为270万元。

本案中,百度公司主张的合理开支包括律师费5万元和取证费3000元。本院认为,本案诉讼属于涉互联网领域的新类型案件,专业性强,百度公司的诉讼代理人为本案的处理提供了智力劳动,5万元律师费与案件的性质和工作量相比适当,取证费3000元系为本案诉讼实际支出的必要费用。据此,本院对百度公司主张的53000元合理开支予以全额支持。

综上,依照《中华人民共和国民法典》第一百七十九条;《中华人民共和国反不正当竞争法》第二条,第十二条第一款、第二款第四项,第十七条;《中华人民共和国民事诉讼法》第六十七条第一款规定，判决如下：

一、被告苏州闪速推网络科技有限公司立即停止涉案不正当竞争行为；

二、被告苏州闪速推网络科技有限公司于本判决生效之日起十日内在其公司官网刊登声明、消除影响（声明内容须经本院审核，如不履行，本院将在相关媒体上公布本判决主要内容，费用由被告负担）；

三、被告苏州闪速推网络科技有限公司于本判决生效之日起十日内赔偿原告北京百度网讯科技有限公司经济损失270万元及为制止本案侵权行为所支付的合理开支53000元，共计2753000元；

四、驳回原告北京百度网讯科技有限公司其他诉讼请求。

如果未按本判决指定的期间履行给付金钱义务，应当依照《中华人民共和国民事诉讼法》第二百六十条之规定，加倍支付迟延履行期间的债务利息。

案件受理费81800元，财产保全费5000元，合计86800元，由被告苏州闪速推网络科技有限公司负担51800元，原告百度公司负担35000元。被告负担部分，由被告在履行本判决时一并支付给原告北京百度网讯科技有限公司，原告北京百度网讯科技有限公司已预交的诉讼费用本院不再予以退还。

如不服本判决，可在判决书送达之日起十五日内向本院递交上诉状，并按对方当事人的人数提出副本，上诉于江苏省高级人民法院。根据国务院《诉讼费用交纳办法》，同时应向江苏省高级人民法院预交上诉案件受理费。

审 判 长　徐飞云
审 判 员　王小丰
审 判 员　严常海

二〇二二年三月一日

法官助理　胡　亮
技术调查官　王　轶
书 记 员　石敬瑀

最高人民法院指导性案例裁判要点

聂美兰诉北京林氏兄弟文化有限公司确认劳动关系案(指导案例179号)

1. 劳动关系适格主体以“合作经营”等为名订立协议,但协议约定的双方权利义务内容、实际履行情况等符合劳动关系认定标准,劳动者主张与用人单位存在劳动关系的,人民法院应予支持。

2. 用人单位与劳动者签订的书面协议中包含工作内容、劳动报酬、劳动合同期限等符合劳动合同法第十七条规定的劳动合同条款,劳动者以用人单位未订立书面劳动合同为由要求支付第二倍工资的,人民法院不予支持。

孙贤锋诉淮安西区人力资源开发有限公司劳动合同纠纷案(指导案例180号)

人民法院在判断用人单位单方解除劳动合同行为的合法性时,应当以用人单位向劳动者发出的解除通知的内容为认定依据。在案件审理过程中,用人单位超出解除劳动合同通知中载明的依据及事由,另行提出劳动者在履行劳动合同期间存在其他严重违反用人单位规章制度的情形,并据此主张符合解除劳动合同条件的,人民法院不予支持。

郑某诉霍尼韦尔自动化控制(中国)有限公司劳动合同纠纷案(指导案例181号)

用人单位的管理人员对被性骚扰员工的投诉,应采取合理措施进行处置。管理人员未采取合理措施或者存在纵容性骚扰行为、干扰对性骚扰行为调查等情形,用人单位以管理人员未尽岗位职责,严重违反规章制度为由解除劳动合同,管理人员主张解除劳动合同违法的,人民法院不予支持。

彭宇翔诉南京市城市建设开发(集团)有限责任公司追索劳动报酬纠纷案(指导案例182号)

用人单位规定劳动者在完成一定绩效后可以获得奖金,其无正当理由拒绝履行审批义务,符合奖励条件的劳动者主张获奖条件成就,用人单位应当按照规定发放奖金的,人民法院应予支持。

房玥诉中美联泰大都会人寿保险有限公司劳动合同纠纷案(指导案例183号)

年终奖发放前离职的劳动者主张用人单位支付年终奖的,人民法院应当结合劳动者的离职原因、离职时间、工作表现以及对单位的贡献程度等因素进行综合考量。用人单位的规章制度规定年终奖发放前离职的劳动者不能享有年终奖,但劳动合同的解除非因劳动者单方过失或主动辞职所导致,且劳动者已经完成年度工作任务,用人单位不能证明劳动者的工作业绩及表现不符合年终奖发放标准，年终奖发放前离职的劳动者主张用人单位支付年终奖的，人民法院应予支持。

马筱楠诉北京搜狐新动力信息技术有限公司竞业限制纠纷案（指导案例184号）

用人单位与劳动者在竞业限制条款中约定，因履行竞业限制条款发生争议申请仲裁和提起诉讼的期间不计入竞业限制期限的，属于劳动合同法第二十六条第一款第二项规定的“用人单位免除自己的法定责任、排除劳动者权利”的情形，应当认定为无效。

闫佳琳诉浙江喜来登度假村有限公司平等就业权纠纷案（指导案例185号）

用人单位在招用人员时，基于地域、性别等与“工作内在要求”无必然联系的因素，对劳动者进行无正当理由的差别对待的，构成就业歧视，劳动者以平等就业权受到侵害，请求用人单位承担相应法律责任的，人民法院应予支持。

龚品文等组织、领导、参加黑社会性质组织案（指导案例186号）

犯罪组织以其势力、影响和暴力手段的现实可能性为依托，有组织地长期采用多种“软暴力”手段实施大量违法犯罪行为，同时辅之以“硬暴力”，“软暴力”有向“硬暴力”转化的现实可能性，足以使群众产生恐惧、恐慌进而形成心理强制，并已造成严重危害后果，严重破坏经济、社会生活秩序的，应认定该犯罪组织具有黑社会性质组织的行为特征。

吴强等敲诈勒索、抢劫、故意伤害案（指导案例187号）

恶势力犯罪集团是符合犯罪集团法定条件的恶势力犯罪组织。恶势力犯罪集团应当具备“为非作恶、欺压百姓”特征，其行为“造成较为恶劣的社会影响”，因而实施违法犯罪活动必然具有一定的公然性，且手段应具有较严重的强迫性、压制性。普通犯罪集团实施犯罪活动如仅为牟取不法经济利益，缺乏造成较为恶劣社会影响的意图，在行为方式的公然性、犯罪手段的强迫压制程度等方面与恶势力犯罪集团存在区别，可按犯罪集团处理，但不应认定为恶势力犯罪集团。

史广振等组织、领导、参加黑社会性质组织案（指导案例188号）

在涉黑社会性质组织犯罪案件审理中，应当对查封、扣押、冻结财物及其孳息的权属进行调查，案外人对查封、扣押、冻结财物及其孳息提出权属异议的，人民法院应当听取其意见，确有必要的，人民法院可以通知其出庭，以查明相关财物权属。

上海熊猫互娱文化有限公司诉李岑、昆山播爱游信息技术有限公司合同纠纷案（指导案例189号）

网络主播违反约定的排他性合作条款，未经直播平台同意在其他平台从事类似业务的，应当依法承担违约责任。网络主播主张合同约定的违约金明显过高请求予以减少的，在实际损失难以确定的情形下，人民法院可以根据网络直播行业特点，以网络主播从平台中获取的实际收益为参考基础，结合平台前期投入、平台流量、主播个体商业价值等因素合理酌定。

王山诉万得信息技术股份有限公司竞业限制纠纷案(指导案例190号)

人民法院在审理竞业限制纠纷案件时,审查劳动者自营或者新入职单位与原用人单位是否形成竞争关系,不应仅从依法登记的经营范围是否重合进行认定,还应当结合实际经营内容、服务对象或者产品受众、对应市场等方面是否重合进行综合判断。劳动者提供证据证明自营或者新入职单位与原用人单位的实际经营内容、服务对象或者产品受众、对应市场等不相同,主张不存在竞争关系的,人民法院应予支持。

刘彩丽诉广东省英德市人民政府行政复议案(指导案例191号)

建筑施工企业违反法律、法规规定将自己承包的工程交由自然人实际施工,该自然人因工伤亡,社会保险行政部门参照《最高人民法院关于审理工伤保险行政案件若干问题的规定》第三条第一款有关规定认定建筑施工企业为承担工伤保险责任单位的,人民法院应予支持。

李开祥侵犯公民个人信息刑事附带民事公益诉讼案(指导案例192号)

使用人脸识别技术处理的人脸信息以及基于人脸识别技术生成的人脸信息均具有高度的可识别性,能够单独或者与其他信息结合识别特定自然人身份或者反映特定自然人活动情况,属于刑法规定的公民个人信息。行为人未经公民本人同意,未具备获得法律、相关部门授权等个人信息保护法规定的处理个人信息的合法事由,利用软件程序等方式窃取或者以其他方法非法获取上述信息,情节严重的,应依照《最高人民法院、最高人民检察院关于办理侵犯公民个人信息刑事案件适用法律若干问题的解释》第五条第一款第四项等规定定罪处罚。

闻巍等侵犯公民个人信息案(指导案例193号)

居民身份证信息包含自然人姓名、人脸识别信息、身份号码、户籍地址等多种个人信息,属于《最高人民法院、最高人民检察院关于办理侵犯公民个人信息刑事案件适用法律若干问题的解释》第五条第一款第四项规定的"其他可能影响人身、财产安全的公民个人信息"。非法获取、出售或者提供居民身份证信息,情节严重的,依照刑法第二百五十三条之一第一款规定,构成侵犯公民个人信息罪。

熊昌恒等侵犯公民个人信息案(指导案例194号)

1. 违反国家有关规定,购买已注册但未使用的微信账号等社交媒体账号,通过具有智能群发、添加好友、建立讨论群组等功能的营销软件,非法制作带有公民个人信息可用于社交活动的微信账号等社交媒体账号出售、提供给他人,情节严重的,属于刑法第二百五十三条之一第一款规定的"违反国家有关规定,向他人出售或者提供公民个人信息"行为,构成侵犯公民个人信息罪。

2. 未经公民本人同意,或未具备具有法律授权等个人信息保护法规定的理由,通过购买、收受、交换等方式获取在一定范围内已公开的公民个人信息进行非法利用,改变了公民公开个人信息的范围、目的和用途,不属于法律规定的合理处理,属于刑法第二百五十三条之一第三款规定的“以其他方法非法获取公民个人信息”行为,情节严重的,构成侵犯公民个人信息罪。

罗文君、瞿小珍侵犯公民个人信息刑事附带民事公益诉讼案(指导案例195号)

服务提供者专门发给特定手机号码的数字、字母等单独或者其组合构成的验证码具有独特性、隐秘性,能够单独或者与其他信息结合识别特定自然人身份或者反映特定自然人活动情况的,属于刑法规定的公民个人信息。行为人将提供服务过程中获得的验证码及对应手机号码出售给他人,情节严重的,依照侵犯公民个人信息罪定罪处罚。

运裕有限公司与深圳市中苑城商业投资控股有限公司申请确认仲裁协议效力案(指导案例196号)

1. 当事人以仲裁条款未成立为由请求确认仲裁协议不存在的,人民法院应当按照申请确认仲裁协议效力案件予以审查。

2. 仲裁条款独立存在,其成立、效力与合同其他条款是独立、可分的。当事人在订立合同时对仲裁条款进行磋商并就提交仲裁达成合意的,合同成立与否不影响仲裁条款的成立、效力。

深圳市实正共盈投资控股有限公司与深圳市交通运输局申请确认仲裁协议效力案(指导案例197号)

当事人未在仲裁庭首次开庭前对仲裁协议的效力提出异议的,应当认定当事人接受仲裁庭对案件的管辖权。虽然案件重新进入仲裁程序,但仍是对同一纠纷进行的仲裁程序,当事人在重新仲裁开庭前对仲裁协议效力提出异议的,不属于《中华人民共和国仲裁法》第二十条第二款规定的“在仲裁庭首次开庭前提出”的情形。

中国工商银行股份有限公司岳阳分行与刘友良申请撤销仲裁裁决案(指导案例198号)

实际施工人并非发包人与承包人签订的施工合同的当事人,亦未与发包人、承包人订立有效仲裁协议,不应受发包人与承包人的仲裁协议约束。实际施工人依据发包人与承包人的仲裁协议申请仲裁,仲裁机构作出仲裁裁决后,发包人请求撤销仲裁裁决的,人民法院应予支持。

高哲宇与深圳市云丝路创新发展基金企业、李斌申请撤销仲裁裁决案(指导案例199号)

仲裁裁决裁定被申请人赔偿与比特币等值的美元,再将美元折算成人民币,属于变相支持比特币与法定货币之间的兑付交易,违反了国家对虚拟货币金融监管的规定,违背了社会公共利益,人民法院应当裁定撤销仲裁裁决。

斯万斯克蜂蜜加工公司申请承认和执行外国仲裁裁决案(指导案例200号)

仲裁协议仅约定通过快速仲裁解决争议,未明确约定仲裁机构的,由临时仲裁庭作出裁决,不属于《承认及执行外国仲裁裁决公约》第五条第一款规定的情形,被申请人以采用临时仲裁不符合仲裁协议约定为由，主张不予承认和执行该临时仲裁裁决的，人民法院不予支持。

德拉甘·可可托维奇诉上海恩渥餐饮管理有限公司、吕恩劳务合同纠纷案（指导案例201号）

1. 国际单项体育组织内部纠纷解决机构作出的纠纷处理决定不属于《承认及执行外国仲裁裁决公约》项下的外国仲裁裁决。

2. 当事人约定，发生纠纷后提交国际单项体育组织解决，如果国际单项体育组织没有管辖权则提交国际体育仲裁院仲裁，该约定不存在准据法规定的无效情形的，应认定该约定有效。国际单项体育组织实际行使了管辖权，涉案争议不符合当事人约定的提起仲裁条件的，人民法院对涉案争议依法享有司法管辖权。

武汉卓航江海贸易有限公司、向阳等12人污染环境刑事附带民事公益诉讼案（指导案例202号）

1. 船舶偷排含油污水案件中，人民法院可以根据船舶航行轨迹、污染防治设施运行状况、污染物处置去向，结合被告人供述、证人证言、专家意见等证据对违法排放污染物的行为及其造成的损害作出认定。

2. 认定船舶偷排的含油污水是否属于有毒物质时，由于客观原因无法取样的，可以依据来源相同、性质稳定的舱底残留污水进行污染物性质鉴定。

左勇、徐鹤污染环境刑事附带民事公益诉讼案（指导案例203号）

对于必要、合理、适度的环境污染处置费用，人民法院应当认定为属于污染环境刑事附带民事公益诉讼案件中的公私财产损失及生态环境损害赔偿范围。对于明显超出必要合理范围的处置费用，不应当作为追究被告人刑事责任，以及附带民事公益诉讼被告承担生态环境损害赔偿责任的依据。

重庆市人民检察院第五分院诉重庆瑜煌电力设备制造有限公司等环境污染民事公益诉讼案（指导案例204号）

1. 受损生态环境无法修复或无修复必要，侵权人在已经履行生态环境保护法律法规规定的强制性义务基础上，通过资源节约集约循环利用等方式实施环保技术改造，经评估能够实现节能减排、减污降碳、降低风险效果的，人民法院可以根据侵权人的申请，结合环保技术改造的时间节点、生态环境保护守法情况等因素，将由此产生的环保技术改造费用适当抵扣其应承担的生态环境损害赔偿金。

2. 为达到环境影响评价要求、排污许可证设定的污染物排放标准或者履行其他生态环境保护法律法规规定的强制性义务而实施环保技术改造发生的费用，侵权人申请抵扣其应承担的生态环境损害赔偿金的，人民法院不予支持。

上海市人民检察院第三分院诉郎溪华远固体废物处置有限公司、宁波高新区米泰贸易有限公司、黄德庭、薛强环境污染民事公益诉讼案（指导案例205号）

1. 侵权人走私固体废物，造成生态环境损害或者具有污染环境、破坏生态重大风险，国家规定的机关或者法律规定的组织请求其依法承担生态环境侵权责任的，人民法院应予支持。在因同一行为引发的刑事案件中未被判处刑事责任的侵权人主张不承担生态环境侵权责任的,人民法院不予支持。

2. 对非法入境后因客观原因无法退运的固体废物采取无害化处置是防止生态环境损害发生和扩大的必要措施,所支出的合理费用应由侵权人承担。侵权人以固体废物已被行政执法机关查扣没收,处置费用应纳入行政执法成本作为抗辩理由的,人民法院不予支持。

北京市人民检察院第四分院诉朱清良、朱清涛环境污染民事公益诉讼案(指导案例206号)

1. 两个以上侵权人分别实施污染环境、破坏生态行为造成同一损害,每一个侵权人的污染环境、破坏生态行为都不足以造成全部损害,部分侵权人根据修复方案确定的整体修复要求履行全部修复义务后,请求以代其他侵权人支出的修复费用折抵其应当承担的生态环境服务功能损失赔偿金的,人民法院应予支持。

2. 对于侵权人实施的生态环境修复工程,应当进行修复效果评估。经评估,受损生态环境服务功能已经恢复的,可以认定侵权人已经履行生态环境修复责任。

江苏省南京市人民检察院诉王玉林生态破坏民事公益诉讼案(指导案例207号)

1. 人民法院审理环境民事公益诉讼案件,应当坚持山水林田湖草沙一体化保护和系统治理。对非法采矿造成的生态环境损害,不仅要对造成山体(矿产资源)的损失进行认定,还要对开采区域的林草、水土、生物资源及其栖息地等生态环境要素的受损情况进行整体认定。

2. 人民法院审理环境民事公益诉讼案件,应当充分重视提高生态环境修复的针对性、有效性,可以在判决侵权人承担生态环境修复费用时,结合生态环境基础修复及生物多样性修复方案,确定修复费用的具体使用方向。

江西省上饶市人民检察院诉张永明、张鹭、毛伟明生态破坏民事公益诉讼案(指导案例208号)

1. 破坏自然遗迹和风景名胜造成生态环境损害,国家规定的机关或者法律规定的组织请求侵权人依法承担修复和赔偿责任的,人民法院应予支持。

2. 对于破坏自然遗迹和风景名胜造成的损失,在没有法定鉴定机构鉴定的情况下,人民法院可以参考专家采用条件价值法作出的评估意见,综合考虑评估方法的科学性及评估结果的不确定性,以及自然遗迹的珍稀性、损害的严重性等因素,合理确定生态环境损害赔偿金额。

浙江省遂昌县人民检察院诉叶继成生态破坏民事公益诉讼案(指导案例209号)

生态恢复性司法的核心理念为及时修复受损生态环境,恢复生态功能。生态环境修复具有时效性、季节性、紧迫性的,不立即修复将导致生态环境损害扩大的,属于《中华人民共和国民事诉讼法》第一百零九条第三项规定的"因情况紧急需要先予执行的"情形,人民法院可以依法裁定先予执行。

九江市人民政府诉江西正鹏环保科技有限公司、杭州连新建材有限公司、李德等生态环境损害赔偿诉讼案(指导案例 210 号)

1. 生态环境损害赔偿案件中,国家规定的机关通过诉前磋商,与部分赔偿义务人达成生态环境损害赔偿协议的,可以依法向人民法院申请司法确认;对磋商不成的其他赔偿义务人,国家规定的机关可以依法提起生态环境损害赔偿诉讼。

2. 侵权人虽因同一污染环境、破坏生态行为涉嫌刑事犯罪,但生态环境损害赔偿诉讼案件中认定侵权事实证据充分的,不以相关刑事案件审理结果为依据,人民法院应当继续审理,依法判决侵权人承担生态环境修复和赔偿责任。

铜仁市万山区人民检察院诉铜仁市万山区林业局不履行林业行政管理职责行政公益诉讼案(指导案例 211 号)

1. 违法行为人的同一行为既违反行政法应受行政处罚,又触犯刑法应受刑罚处罚的情形下,行政机关在将案件移送公安机关时不应因案件移送而撤销已经作出的行政处罚。对刑事判决未涉及的行政处罚事项,行政机关在刑事判决生效后作出行政处罚决定的,人民法院应予支持。

2. 违法行为人在刑事判决中未承担生态环境修复责任的,林业等行政主管部门应当及时责令其依法履行修复义务,若违法行为人不履行或者不完全履行时应组织代为履行。林业等行政主管部门未履行法定生态修复监督管理职责,行政公益诉讼起诉人请求其依法履职的,人民法院应予支持。

3. 特殊功能区生态环境被破坏,原则上应当原地修复。修复义务人或者代履行人主张异地修复,但不能证明原地修复已不可能或者没有必要的,人民法院不予支持。

2022年《江苏省高级人民法院公报》发布参阅案例情况统计

经江苏省高级人民法院审判委员会讨论通过，2022年《江苏省高级人民法院公报》共发布参阅案例25件。其中，发布各中级法院、基层法院报送案例19件；发布南京海事法院报送案例3件；发布省法院各审判业务部门报送案例3件。

各地法院情况分别为：南京法院8件（南京中院4件，玄武法院2件，江宁法院1件，江北新区法院1件）；苏州法院3件（苏州中院1件，太仓法院1件，工业园区法院1件）；常州法院1件（天宁法院1件）；泰州法院1件（靖江法院1件）；盐城法院1件（东台法院1件）；淮安法院1件（清江浦法院1件）；宿迁法院3件（宿迁中院2件，宿城法院1件）；连云港法院1件（灌南法院1件）；南京海事法院3件。

省法院各审判业务部门报送案例被采用的情况为：民四庭1件、行政庭1件、审监庭1件。

2022 年《江苏省高级人民法院公报》总目录

一、重 要 文 献

二、司 法 文 件

三、审 判 动 态

四、参 阅 案 例

五、裁 判 文 书

六、司 法 信 息

七、任 免 决 定

欢迎订阅 2023 年《江苏省高级人民法院公报》

《江苏省高级人民法院公报》(以下简称《公报》)由江苏省高级人民法院审判委员会主办,是唯一公开介绍江苏省法院司法审判工作的官方权威文献,是江苏省高级人民法院对外公布权威信息、规范性文件等重要司法文件、典型案例、案件裁判文书以及其他适宜公开的司法信息资料的法定出版物。

《公报》主要栏目中,重要文献包括法院工作报告、工作要点、重要领导讲话等;司法文件包括指导审判工作的指南、通知、纪要等规范性文件;审判动态包括审判工作整体态势分析、相关类案审理情况等;参阅案例指供全省法院审理参考的具有指导意义的裁判范例;裁判文书指在制作内容、形式等方面具有示范、典型意义的裁判文书;司法信息包括指导性案例裁判摘要、案例指导工作动态以及其他应当公知的信息等。

《公报》反映了江苏省高级人民法院审判委员会对法的精神和各类法律难题的权威司法观点,它不仅是所有法律人士的必备资料,也是司法机关司法、政府部门执法以及仲裁、调解人员解决纠纷的重要参考,更是公民和企事业单位依法维权的有效依据。一册在手,权威便捷;重要观点,精华速览;深入浅出,易读易懂。它将助您解决困扰不已的法律难题!

《江苏省高级人民法院公报》全年共 6 辑,2023 年每辑定价 15 元,总定价 90 元(含递送资费)。订阅者请按要求填写征订单并汇款至**法律出版社有限公司**,相关问题咨询、订单查询请直接与法律出版社有限公司联系。另务请将征订单(第二联)发邮件或寄至《江苏省高级人民法院公报》编辑部,以便监督。

联系地址(负责监督):江苏省南京市宁海路 75 号　　邮政编码:210024
收 件 人:《江苏省高级人民法院公报》编辑部　　缪 芳　左一凡
联系电话:(025)83785651/(025)83785610

联系地址(负责发行订购):法律出版社有限公司
详细地址:北京市丰台区莲花池西里 7 号法律出版社综合业务楼　邮政编码:100073
联系人:郭孟(010)83938360　　李世强(010)83938361　　冯高琼(010)83938073

《江苏省高级人民法院公报》征订单(第一联)

第一联:发书凭证(寄法律出版社有限公司)　　　　20　年　月　日

订购单位		邮政编码	
详细地址		联 系 人	
订购数量		联系电话	
汇款金额		全年定价 90 元/份,每份共 6 辑	
汇款方式:银行(　　)　邮局(　　)　　　个人汇款姓名:(　　　　)			
开发票信息(可只填税号或统一信用代码一项)		纸质发票(　　)　电子发票(　　)	
税号或统一信用代码			
地址及电话			
开户行及账号			
如果可以接受电子发票,请留电子邮箱			

特别提示:①请务必在 2023 年 9 月 10 日前将本联填写清楚连同汇款回执传真至 010－83938359,或拍照(扫描)后发邮件至 2641702055@qq.com,或寄回法律出版社有限公司(地址见汇款须知)。②如需发票请注明,发票单独邮寄。③如通过邮局汇款,务请在汇款单附言栏里注明订购书名及份数。

《江苏省高级人民法院公报》征订单(第二联)

第二联:监督凭证(寄江苏省高级人民法院)　　　　20　年　月　日

订购单位		邮政编码	
详细地址		联 系 人	
订购数量		联系电话	
汇款金额		全年定价 90 元/份,每份共 6 辑	
备　　注			

特别提示:请将此联发邮件至 jsfyalbj@163.com 或寄回《江苏省高级人民法院公报》编辑部(邮寄地址:江苏省南京市宁海路 75 号,左一凡收,邮政编码:210024)。

汇 款 须 知

银行汇款:

开户行:中国工商银行北京六里桥支行

账　号:**02002 81019 02040 1503**

户　名:法律出版社有限公司

联系人:郭孟(010)83938360　　李世强(010)83938361　　冯高琼(010)83938073

订单发送邮箱:2641702055@qq.com　　传　真:(010)83938359

邮寄地址:北京市丰台区莲花池西里 7 号法律出版社综合业务楼(邮政编码:100073)